Das schweigende Klassenzimmer

Das schweigende Klassenzimmer

Drehbuch von Lars Kraume nach
dem Bericht von Dietrich Garstka

Ernst Klett Sprachen
Stuttgart

1. Auflage 1 4 3 2 1 | 2022 21 20 19 18

Alle Drucke dieser Auflage sind unverändert und können im Unterricht nebeneinander verwendet werden.
Die letzte Zahl bezeichnet das Jahr des Druckes.

Übernommen und bearbeitet nach dem Drehbuch von Lars Kraume zum Film »Das schweigende Klassenzimmer« der Akzente Film- und Fernsehproduktion GmbH, Unterföhring

Internetadresse: www.klett-sprachen.de

Redaktion: Stefan Hellriegel, Katrin Wilhelm
Annotationen und Überblick zeitgeschichtlicher Kontext: Barbara Sum
Layoutkonzeption: Sandra Vrabec
Gestaltung und Satz: bostext, Friolzheim
Umschlaggestaltung: Sabine Kaufmann
Titelbild: Filmplakat der Berlinale – Freundlicherweise zur Verfügung gestellt von StudioCanal
Foto S. 148: © Tomas Kittan
Interview S. 149ff.: Mit freundlicher Genehmigung von StudioCanal GmbH, Berlin
Druck und Bindung: Medienhaus Plump GmbH, Rheinbreitbach
Printed in Germany

ISBN 978-3-12-666710-4

9 783126 667104

Das schweigende Klassenzimmer
(Bundesrepublik Deutschland, 2018)

Regie: Lars Kraume
Drehbuch: Lars Kraume basierend auf dem gleichnamigen Buch von Dietrich Garstka
Besetzung:
Leonard Scheicher (Theo Lemke)
Tom Gramenz (Kurt Wächter)
Lena Klenke (Lena)
Isaiah Michalski (Paul)
Jonas Dassler (Erik Babinsky)
Ronald Zehrfeld (Hermann Lemke)
Florian Lukas (Direktor Schwarz)
Jördis Triebel (Kreisschulrätin Kessler)
Michael Gwisdek (Edgar)
Götz Schubert (Pfarrer Melzer)
Kamera: Jens Harant
Musik: Christoph Kaiser, Julian Maas
Schnitt: Barbara Gies
Eine Produktion der Akzente Film & Fernsehproduktion
111 Minuten

Ein Drehbuch ist Arbeitsgrundlage für die nachfolgenden Dreh- und Schneidearbeiten und entspricht daher nicht genau dem fertigen Film.

Filmsprache

Ein Drehbuch dient sowohl der vorbereitenden Planung als auch der praktischen Umsetzung eines Films. Daher haben sich für Drehbücher bestimmte Standards entwickelt, die ihrem Charakter als Arbeitsgrundlage Rechnung tragen.
Jede der 112 Szenen des *Schweigenden Klassenzimmers* wird durch eine Überschrift eingeleitet, die Grundlegendes zu Ort und Zeit. Im Drehbuch werden folgende filmsprachlichen Fachbegriffe verwendet:

Abblende: Allmähliches Abdunkeln des Bildes (durch Verkleinern der Blendenöffnung im Kameraobjektiv), zum Beispiel am Ende einer Szene.

EXT./INT.: Abkürzungen für *exterior* (Außenaufnahme) und *interior* (Innenaufnahme).

O.S.: Abkürzung für *off-screen:* Der Dialog-Sprecher ist nicht im Bild zu sehen.

SUBTITLE/Untertitel: Fremdsprachiger Dialog, der für die Zuschauer in Untertitel-Texten übersetzt wird.

Superimposed: Über das Bild gelegte Inhalte (beispielsweise Texte).

V.O.: Abkürzung für *voice-over:* Text wird gesprochen, dessen Sprecher nicht im Bild zu sehen ist.

Zum Kontext des *Schweigenden Klassenzimmers*

Historischer Kontext: ein Überblick

Nach dem Ende des Zweiten Weltkriegs 1945 wurde Deutschland zwischen den alliierten Siegermächten USA, UdSSR (Sowjetunion), Großbritannien und Frankreich in Besatzungszonen aufgeteilt. Von der Hauptstadt Berlin erhielt jede *Besatzungsmacht* ebenfalls einen *Sektor.* Für die Bevölkerung Deutschlands hieß das, dass Familien und Freunde auseinandergerissen wurden und sich teilweise gar nicht besuchen konnten, je nachdem, wo sie sich zu diesem Zeitpunkt gerade aufhielten.

Die USA, Großbritannien und Frankreich taten sich zusammen und aus Westdeutschland wurde die Bundesrepublik Deutschland *(BRD)*, während Ostdeutschland unter der UdSSR zur Deutschen Demokratischen Republik *(DDR)* wurde. Um sich vom Westen abzuschotten, wurde die Grenze zu Westdeutschland zunehmend bewacht und 1961 schließlich die Berliner Mauer errichtet. Das Land war damit endgültig geteilt.

In der Bundesrepublik ging es den Menschen nach dem Krieg bald wieder besser: Sie lebten in einer Demokratie, durften ihre Regierung selbst wählen und hatten viele Freiheiten. Die westlichen Mächte förderten, dem *Kapitalismus* folgend, den freien Wettbewerb und das Streben des Einzelnen nach Kapitalbesitz, und unter Konrad Adenauer kam es in den 1950er Jahren zu einem wirtschaftlichen Aufschwung, dem sogenannten *Wirtschaftswunder.* Es gab mehr als ausreichend Arbeitsplätze und die Bevölkerung hatte bald wieder eine große Auswahl an Lebensmitteln und Konsumgütern.

Für die UdSSR und die politisch unter ihrem Einfluss stehenden Staaten wie die DDR oder Ungarn war die Ideologie des *Kommunismus* das angestrebte Ziel: Hier sollten sämtliche Klassengrenzen abgeschafft sein und aller Besitz nicht mehr dem Einzelnen, sondern der gesamten Volksgemeinschaft gehören. Als Übergang zum Kommunismus wurde ein *sozialistisches* System eingeführt, in welchem der herrschenden Partei, der Sozialistischen Deutschen Einheitspartei *(SED)*, eine zentrale Rolle zufiel. Sie lenkte die Wirtschaft und organisierte die Warenproduktion und -verteilung – dabei wurde in der Praxis oft einseitig und zu wenig produziert, und die Menschen wurden immer unzufriedener. Die Staatssicherheit *(Stasi)* setzte als Geheimpolizei die Interessen der Partei durch. Die Bevölkerung wurde überwacht und fühlte sich unterdrückt. So wuchs der Unmut, es kam immer wieder zu Unruhen und Demonstrationen und immer mehr Menschen flohen in den Westen, um ein besseres und freieres Leben führen zu können.

Jugend in der DDR

Kindheit und Jugend waren in der DDR durch die staatlichen Organe entsprechend der sozialistischen Ideologie klar strukturiert. Als Erstklässler erhielten die Kinder als *Jungpioniere* das charakteristische blaue Halstuch, welches bei bestimmten Anlässen getragen wurde. Ein solcher Anlass war beispielsweise der *Fahnenappell*, der in der Schule abgehalten wurde. Hierbei wurden Pionier- und FDJ-Fahnen bei einer festlichen Zeremonie nach militärischem Vorbild feierlich gehisst.

Wurde man in der vierten Klasse *Thälmann-Pionier,* ersetzte ein rotes Halstuch das blaue. Mit 14 Jahren trat man in die Freie Deutsche Jugend (FDJ) ein. Der Eintritt war freiwillig, eine Weigerung konnte sich jedoch negativ auf Ansehen und Karriere auswirken und viele Chancen für die Zukunft verbauen.

An gemeinsamen Nachmittagen oder auch in Ferienlagern wurde einerseits gemeinsam gesungen, gebastelt und Ähnliches, andererseits spielte auch Solidarität eine große Rolle. So wurden beispielsweise Basare zugunsten afrikanischer Länder veranstaltet.

Insgesamt sollten die Kinder und Jugendlichen darauf vorbereitet werden, später als SED-Mitglieder Verantwortung in der Gesellschaft zu übernehmen.

1 EXT. – BERLIN / S-BAHNSTATION EICHWALDE – TAG

Eine S-Bahn steht an einer menschenleeren Plattform. Niemand steigt aus, niemand steigt ein …

Superimposed*:

BERLIN, OKTOBER 1956.**

»Die Stadt ist geteilt, aber ihre Bewohner dürfen sich noch zwischen den Sektoren der Besatzungsmächte bewegen.«

2 INT. – S-BAHN – TAG

GRENZPOLIZISTEN der DDR*** kontrollieren die Papiere der PASSAGIERE.

THEO LEMKE und KURT WÄCHTER beobachten die Kontrolleure bei ihrer Arbeit. Die beiden Freunde sind 18 Jahre alt. Während Theo ein gut gelauntes Schlitzohr ist, hat Kurt etwas Ernsthaftes und Stilles an sich.

Kurt hält in den Händen einen kleinen Blumenstrauß.

Die Grenzbeamten kontrollieren einen JUNGEN MANN. Als er seinen Ausweis aus der Innentasche der Jacke holt, fällt eine Zahnbürste heraus.

GRENZBEAMTER #1
Was ist das?

Der junge Mann zeigt seine Zahnbürste.

JUNGER MANN
Meine Zahnbürste?!

---

* Hinweise zu den im Drehbuch verwendeten filmsprachlichen Fachbegriffen finden sich im Abschnitt *Filmsprache* (S. 6).
** Siehe Überblick zum historischen Kontext (S. 7f.).
*** Deutsche Demokratische Republik (1949–1990): siehe Überblick zum historischen Kontext.

GRENZBEAMTER #1
Wollen Sie ausreisen?

JUNGER MANN
Nein ... Ich bin Page. Hotelpage im Kempinsky. Ich habe nur eine Nachtschicht. Ist für morgen früh.

Ein OFFIZIER nickt dem Grenzbeamten zu, der dem Pagen die Papiere zurückgibt.

Jetzt kommen die Männer zu Theo und Kurt.

GRENZBEAMTER #1
Papiere, bitte.

Sie reichen ihm die Ausweise.

GRENZBEAMTER #1
Wohin fahren Sie?

THEO
Südstern.

KURT
Wir besuchen das Grab meines Großvaters.

Kurt deutet auf seine Blumen und bekommt seinen Ausweis zurück.

Der Grenzbeamte prüft nun Theos Papiere.

GRENZBEAMTER #1
Und du latschst nur mit, oder wie?

THEO
Nee, ich hab' 'nen grünen Daumen.

Er schaut den Grenzer frech an.

Der zögert, grinst – und reicht ihm seinen Ausweis.

3 EXT. – BERLIN – TAG

Die S-Bahn fährt durch das vom Krieg noch immer gezeichnete Berlin.

4 EXT. – KRIEGSFRIEDHOF – TAG

Theo knickt eine russische Filterzigarette, während Kurt seine Blumen am Grab des Großvaters niederlegt. Die Inschrift auf dem Stein lautet:

Alfred Hoffmann, 25. Oktober 1886 – 12. April 1944.

KURT
Alles Gute zum Geburtstag, Opa.

Das Feld, auf dem das Grab liegt, ist riesig. Die Freunde sind umgeben von hunderten identischen Kriegsgräbern.

THEO
Werd' ich nie verstehen … Wieso sich einer totschießen lässt?!

KURT
Nee? Für nix und niemanden?

THEO
Tot ist tot, Mensch.

5 EXT. – BERLIN / STRASSE – TAG

Theo und Kurt lassen sich etwas in der Stadt treiben. Die Schaufenster der Geschäfte, die Autos auf der Straße und die Mode der PASSANTEN zeugen vom westdeutschen Wirtschaftswunder.

Sie erreichen ein Kino und bleiben davor stehen. Ein Poster wirbt für den Film »Liane, das Mädchen aus dem Dschungel«, auf dem die Hauptdarstellerin Marion Michael nur mit einem

Lendenschurz bekleidet an einem Baum lehnt. Ihre wilden Haare verdecken ihre nackten Brüste kaum.

Theo beobachtet einen KARTENVERKÄUFER, der gerade einer Gruppe AUFGEKRATZTER TEENAGER Eintrittskarten verkauft.

Dann zieht er Kurt vom Poster weg in den nächsten Hinterhof.

6 EXT. – HINTERHOF / KINO – KURZ DARAUF

Die Jungs schleichen sich durch einen Hintereingang ins Kino.

7 INT. – KINO – KURZ DARAUF

Theo und Kurt lauern in der Nähe der Toiletten, den Kontrolleur haben sie dabei fest im Blick. Als ZWEI MÄDCHEN ihres Alters plaudernd aus der Toilette kommen, gehen Theo und Kurt kurzentschlossen mit ihnen am Kartenabreißer vorbei.

MÄDCHEN
Wir waren schon drinnen…

THEO
Eben.

Der Kartenabreißer nickt und lässt sie durch.

8 INT. – KINO – KURZ DARAUF

Als Kurt und Theo sich feixend* einen Platz suchen, beginnt die Wochenschau**: dramatische Bilder vom Aufstand der Ungarn in Budapest sind zu sehen.

* Schadenfroh grinsend.
** Kurze Nachrichtenfilme, die vor der Verbreitung des Fernsehens im Kino vor den Hauptfilmen gezeigt wurden.

WOCHENSCHAUSPRECHER (V.O.)
Ungarn. Zu einer machtvollen Demonstration für Ungarns Freiheit und Unabhängigkeit gestaltete sich am Dienstagnachmittag eine Kundgebung von Studenten, Arbeitern, Angestellten und dienstfreien Soldaten auf dem Petöfiplatz.

Die Bilder der Demonstranten begeistern Kurt, während Theo mit den Mädchen flirtet, mit denen sie hereinkamen.

KURT
Du Theo, die schmeißen die Russen raus. Guck doch mal.

THEO
Mhm …

WOCHENSCHAUSPRECHER
Rufe wie »Hinaus mit den russischen Truppen« und »Wir wollen eine neue Regierung unter Imre Nagy«* wurden von der ganzen Menge aufgenommen, die jede neue Freiheitsforderung der Studenten mit stürmischem Jubel unterstrich.

Die Menge verfällt in einen Sprechchor.

WOCHENSCHAUSPRECHER
Diese Studenten rufen: »Nie wieder Knecht sein heißt unser Schwur.« So erhebt sich das unterdrückte Volk gegen die russische Sklaverei …

Eine Stalin-Statue** wird vom Mob*** mit Seilen zu Fall gebracht.

---

* Imre Nágy (1896 – 1958): Ungarischer Politiker, der als Mitglied der kommunistischen Partei zweimal Regierungschef war und versuchte, eine parlamentarische Demokratie in Ungarn einzuführen; wegen »Landesverrates« zum Tode verurteilt und erhängt.
** Josef Stalin (1878 – 1953): Führender sowjetischer Politiker, bis zu seinem Tod Diktator der Sowjetunion; charakteristisch waren sein rücksichtsloses Vorgehen gegen tatsächliche und vermeintliche Feinde und sein Personenkult (beispielsweise mit Stalin-Statuen).
*** Aufgebrachte Menschenmenge.

WOCHENSCHAUSPRECHER
… Stalins Stiefel trennten die Demonstranten jedoch mit Schweißgeräten ab, denn die, so erklärten sie, seien aus Ungarn!

Kurt lacht laut auf, was ihm einige skeptische Blicke der anderen Kinogäste einbringt.

THEO
Mensch Kurti, geht's noch auffälliger?

9 EXT. – STALINSTADT – ABENDDÄMMERUNG

Die sozialistische Planstadt mit ihrem alten Kern Fürstenberg liegt in der Weite Brandenburgs. Aus der Eisenhütte* zieht dichter Rauch in den Himmel.

10 EXT. – STALINSTADT / FÜRSTENBERG / BAHNHOF – ABENDDÄMMERUNG

Theo und Kurt kommen aus dem Bahnhof und gehen die Hauptstraße der Altstadt herunter.

Eine GRUPPE JUNGER STAHLARBEITER auf der Laderampe eines Lasters kreuzt ihren Weg – Theo grüßt sie.

11 EXT. – WIRTSHAUS – ABENDDÄMMERUNG

Theo und Kurt betreten ein altes Wirtshaus, vor dem mehrere RUSSISCHE MILITÄRMOTORRÄDER stehen.

* Eisenwerk, in dem aus Eisenerz Roheisen und Stahl gewonnen wird.

12 INT. – WIRTSHAUS – KURZ DARAUF

Fast jeder Tisch ist belegt, es wird laut geredet und gelacht. Im hintersten Eck des Raumes sitzen VIER RUSSISCHE SOLDATEN und trinken Bier.

Theo deutet auf einen Tisch, an dem zwei Klassenkameraden Bier trinken: PAUL, ein dunkelhaariges Hemd mit Tolle* und Brille, und ERIK, ein kräftiger Junge mit kurzgeschorenem Kopf und Nickelbrille.

THEO
Da sind sie!
(winkt der Kellnerin)
EVI! Eine Runde, ja?

Sie setzen sich.

PAUL
Und? Wart ihr im Kino?

ERIK
Habt ihr die Möpse gesehen?

PAUL
Und sind sie so scharf, wie alle sagen?

PAUL
Jetzt erzählt schon!

THEO
Klar …

KURT
Ja, aber …

ERIK
Ist die denn wirklich die ganze Zeit oben ohne?

THEO
Die Geschichte spielt im Dschungel und …

KURT
Psst!

Er nickt verstohlen zur Kellnerin, die mit dem Bier kommt.

* Frisur, die mit westlicher Rock-'n'-Roll-Musik identifiziert wurde und beispielsweise von Elvis Presley getragen wurde.

THEO
(grinsend)
… Marion Michael ist den ganzen Film über oben ohne, weil's ja so heiß ist im Dschungel, klar, dadurch sieht man alles und ihre …

Er deutet mit Gesten Brüste an, Blick zur Kellnerin.

THEO
… sind von außerordentlicher, mhm, wie soll man sagen …

KURT
– Schönheit.

Die Jungs lachen.

EVA
Du bist süß, Kurt.

THEO
Und ich?

EVA
Du bist ein Schwein. Weiß doch jeder.

Gelächter. Eva geht.

PAUL
Ich will auch Lianes Titten sehen!

Erik klopft mit einer Hand unter den Tisch, stöhnt und verdreht dabei die Augen.

ERIK
Liane, Liane …

PAUL
Kommst du mit, Erik?

ERIK
Auf gar keinen Fall gucke ich mir diesen dekadenten Dreck an.*

KURT
Wir haben noch etwas ganz anderes gesehen.

Die Jungs schauen in sein ernstes Gesicht.

KURT
Die Wochenschau.

PAUL
Uh, stark, er hat die Wochenschau gesehn.

ERIK
Waren da auch nackte Mädels drin?

KURT
Nein, Ihr Deppen. Die haben Bilder vom Ungarnaufstand gezeigt. Hundertausende fordern den Abzug der Russen. Sie schicken sie zum Teufel!

ERIK
*'ne Konterrevolution**. Von Faschisten*** angeführt!*

KURT
Quatsch, ganz friedlich fordern die …

ERIK
Nee, Kurt!

Erik zieht eine Ausgabe der Tageszeitung »Neues Deutschland« aus der Jackentasche.

---

* Ausschweifend, verschwenderisch; in der sozialistischen Ideologie ein bestimmendes Merkmal des kapitalistischen Westens.
** Gegenrevolution (zur Wiederherstellung vor-sozialistischer Verhältnisse); in der DDR häufig gebrauchter Begriff für als staatsfeindlich gesehene Aktivitäten.
*** Anhänger des Faschismus; Ideologie, die unter einem Führer antidemokratisch, rechtsextrem und rassistisch agiert. Die DDR verstand sich als antifaschistisches Regime.

ERIK
Hier!
(liest vor)
Am 23. Oktober versuchten die ausländischen Imperialisten* mithilfe konterrevolutionärer Elemente in Ungarn einen bewaffneten Putsch gegen die sozialistische Volksmacht durchzuführen ...**

KURT
– Aber Imre Nagy ist ihr Anführer ...

ERIK
Die Fakten zeigen, dass hinter den verlogenen Phrasen von »Unabhängigkeit und Selbständigkeit« der Plan des bewaffneten Sturzes der Volksmacht, zur Wiederherstellung der kapitalistischen* Sklaverei für das ungarische Volk steht.**

PAUL
Was denn für ein Ungarnaufstand überhaupt? Ich habe gar nichts mitbekommen.

Paul nimmt Eriks Zeitung und liest den Artikel.

ERIK
(zu Paul)
Hohlkopf.

Theo greift sich eine Handvoll Nüsse aus einer Schale und wirft ein paar in den Mund.

---

* Anhänger des Imperialismus, der die territoriale Ausdehnung eines Staates zum Ziel hat. In der DDR-Ideologie die Feinde des Sozialismus.
** Gewaltsamer politischer Umsturz (oder dessen Versuch), zumeist durch Mitglieder des Militärs.
*** Kapitalismus: siehe Überblick zum historischen Kontext.

KURT
Fakt ist, dass sie versuchen, die Russen nach Hause zu schicken.
(nickt zu den russischen Soldaten am anderen Tisch)
Und das ist doch großartig!

THEO
Genau! Sollen die Knallköppe endlich Leine ziehen.

Plötzlich wirft Theo eine Nuss quer durch den Wirtsraum in die Richtung der Soldaten –

ERIK
Hey!

– und trifft einen Russen voll am Kopf.

PAUL
Schiete.

Die Soldaten schauen sich um und entdecken die entsetzten Gesichter der Jugendlichen.

THEO
Raus hier!

Die Jungs springen auf…

THEO
Schreib's auf, Evi!

Der getroffene Russe deutet in ihre Richtung und erklärt seinen Genossen, was passiert ist.

Die Schüler flüchten aus dem Wirtshaus – die Russen hinterher.

13 EXT. – WIRTSHAUS – NACHT

Kurt, Theo, Erik und Paul kommen aus der Kneipe.

ERIK
Trennen!

Theo und Kurt rennen links die Hauptstraße herunter, Erik und Paul rechts.

Die Russen orientieren sich.

Kurt und Theo sprinten die Straße entlang.

THEO
Wie viele kommen hinter uns her?

Kurt dreht sich um und sieht, dass ALLE russischen Soldaten hinter ihnen her sind.

KURT
Alle.

THEO
Alle? Und die anderen lassen sie einfach laufen?

Sie geben alles, aber jetzt hört man ein Motorrad aufheulen.

THEO
Hier lang!

Die Freunde flüchten in eine Hofeinfahrt.

14 EXT. – HINTERHOF / GASSE / BOULEVARD – NACHT

Kurt und Theo kommen durch ein Gemüsebeet in eine kleine, dunkle Gasse, die zu einer großen, beleuchteten Straße führt. Sie zögern, schauen sich um – durch das Gemüsebeet kommen hinter ihnen die Russen getrampelt.

THEO
Rüber in die Neustadt!

Sie rennen weiter.

15 EXT. – STALINSTADT BOULEVARD – NACHT

Kurt und Theo kommen auf einen großen Boulevard*, der in die neugebaute Planstadt führt.

Sie sind schneller als die Soldaten, bis sie eines der Militärmotorräder überholt und ihnen den Weg abschneidet. Der Fahrer packt Kurt und reißt ihn zu Boden. Er schlägt hart auf dem Kopfsteinpflaster auf.

Die Flucht ist zu Ende.

Der getroffene Soldat tritt vor.

RUSSE #1
(russisch mit Untertiteln)
Was sollte das?

Kurt rappelt sich wieder auf, seine Zähne sind rot vom Blut.

THEO (SUBTITLE)
Ich weiß nicht. Tut mir Leid. Es war nur ein blöder… Scherz.

Der Russe betrachtet die beiden Freunde. Seine Kameraden sind bereit, den Schülern eine Abreibung zu verpassen.

---

* Breite Prachtstraße.

RUSSE #1 (SUBTITLE)
Wie alt seid ihr?

THEO (SUBTITLE)
18.

RUSSE #1 (SUBTITLE)
Ich bin 21. Ich habe auch keine Lust hier zu sein.

Stille.

RUSSE #1
Ihr verfluchten Nazikinder. Wir hätten euch alle ausrotten sollen.

Er spuckt vor ihnen auf den Boden. Einen Moment betrachtet er sie voller Hass, dann ziehen ihn seine Kumpels ab.

Theo und Kurt atmen auf und gehen langsam weiter.

THEO
Tut's doll weh?

Kurt spuckt Blut aus.

KURT
Geht schon. Hab mir auf die Zunge gebissen.

THEO
Wie ich den getroffen habe! Klong! Hätte nie gedacht, dass ich den auf die Distanz treffe. Jahrhunderttreffer, was?

Kurt nickt und spuckt wieder Blut.

KURT
Jahrhunderttreffer.

Theo grinst stolz.

16 INT. – KURTS ELTERNHAUS / ESSZIMMER – NACHT

Kurt und seine Eltern sitzen beim Abendessen zusammen. Sein Vater HANS strahlt Strenge aus, seine Mutter ANNA ist eine zarte, früh ergraute Frau, die depressiv wirkt.

KURT
Führen wirklich Faschisten den ungarischen Volksaufstand an, Vater?

Die Mutter schaut alarmiert auf, aber Hans Wächter reagiert ruhig.

HANS
Die Situation in Ungarn ist kompliziert, Kurt.

KURT
Dann erklär sie mir doch bitte …

HANS
Chruschtschow will Stalins Politik beenden. Das ist grundsätzlich gut, aber jetzt versuchen viele Feinde des Kommunismus** daraus Nutzen zu ziehen. Erst in Polen und jetzt auch noch in Ungarn.*

KURT
Und deshalb fordern die Ungarn einfach, dass ihre alte, stalinistische Regierung auch abtritt, oder?

HANS
Ich verfüge auch nicht über die Kenntnis aller Einzelheiten. Die Berichte kommen mit Zeitverzögerung. Fest steht nur, dass in Ungarn eine Konterrevolution gegen die sozialistische Volksmacht im Gange ist.

---

* Nikita Chruschtschow (1894-1971): Sowjetischer Politiker und nach Stalins Tod Erster Sekretär der Kommunistischen Partei der Sowjetunion (KPdSU); vor allem mit der Unterdrückung des Ungarnaufstands 1956 zeigte er Grenzen der sowjetischen Entspannungspolitik auf.
** Siehe Überblick zum historischen Kontext.

ANNA
Wir haben heute im Betrieb auch darüber gesprochen …

HANS
(unterbricht sie)
Vermutlich ist es so, wie bei unserem Arbeiteraufstand '53: da hatten auch ausländische Provokateure ihre Hände im Spiel.*

ANNA
Möchte noch jemand Nachschlag?

KURT
Ich gerne. Was habt ihr im Betrieb besprochen?

Anna winkt ab. Unwichtig. Und gibt ihm noch Essen auf.

KURT
(amüsiert)
Sie haben Stalins Stiefel von einer Statue abgeschweißt, weil die Stiefel angeblich aus Ungarn sind.

HANS
Ja, die Ungarn machen gute Schuhe.

Sie essen weiter.

HANS
Aber davon wurde in unserer Presse nicht berichtet, soweit ich weiß.

Kurt isst langsamer weiter. Seine Mutter erstarrt.

HANS
Warst du wieder in West-Berlin?

Hans schaut zu Anna.

---

* Am 17. Juni 1953 kam es in der DDR zu einer Reihe von Streiks, Demonstrationen und Protesten aufgrund der wachsenden sozialen Probleme und der Bevormundung durch den Staat; die Führung der SED schlug die Unruhen mit Gewalt nieder.

HANS
War er am Grab deines Vaters?

KURT
(schnell)
Mama hat nichts damit zu tun. Es war doch sein Geburtstag. Ich habe nur ein paar Blumen gebracht.

HANS
Ihr bringt mich in Schwierigkeiten, versteht ihr das denn nicht? Wenn der Sohn des Vorsitzenden des Rats der Stadt in den Westen fährt, um Blumen am Grab eines SS-Mannes niederzulegen!*

ANNA
*Er war ein einfacher Panzergrenadier**.*

HANS
Bei der Waffen-SS! Wo hast du die Bilder vom Ungarnaufstand gesehen? Im Kino?

Kurt nickt.

HANS
Das wird ja immer besser. Wahrscheinlich um diesen schweinischen »Liane mit den dicken …«

Er schaut zu seiner Frau und unterbricht sich selber.

Kurt muss grinsen.

HANS
(mild)
Das ist nicht lustig. Diese Filme sind unmoralisch. Ich verbiete dir, so einen Schund zu schauen! Hast du mich verstanden?

---

* Mitglied der Schutzstaffel (SS): 1925–1945 eine Art Polizei und Leibgarde Adolf Hitlers, auch Bewachung und Leitung der Konzentrationslager.
** Einfacher Soldat der Wehrmacht.

KURT
Ja, Vater.

HANS
War das Theos Idee?

Kurt sagt nichts.

HANS
Dieser Junge wird noch dein Untergang sein.

17 EXT. – THEOS WOHNHAUS / STALINSTADT – MORGENDÄMMERUNG

HERMANN LEMKE, ein kräftiger Arbeiter Mitte dreißig, befüllt den Tank seines Motorradgespanns* aus einem Reservekanister.

Hermann schaut zu einem offenen Fenster im ersten Stock hoch.

HERMANN
(ruft)
KINDER! LOS JETZT!

18 INT. – THEOS WOHNUNG – KURZ DARAUF

In der Küche der Lemkes schmiert MUTTER IRMGARD (38) Brote, während JAKOB (8) Äpfel in einen Rucksack packt.

HERMANN (O.S.)
LOS JETZT! WO BLEIBT IHR DENN?

IRMGARD
Beeilung!

KARL (12) läuft aus dem kleinen Esszimmer ins Kinderzimmer, wo Theo auf seinem Bett sitzt und mit einer Pinzette und etwas Kleber aus zwei normalen, gepressten Kleeblättern, ein seltenes vierblättriges bastelt.

---

* Motorrad mit Beiwagen.

KARL
Vati brüllt schon rum.

THEO
Bin fertig, bin schon fertig…

Er legt das Kleeblatt in ein Buch und klappt es zu.

19 EXT. – THEOS WOHNHAUS – MORGENDÄMMERUNG

Irmgard, Karl und Theo mit Jakob im Huckepack kommen aus dem Haus.

Alle Kinder klettern in das Motorrad. Hermann startet die Maschine. Die Kinder winken ihrer Mutter, Hermann hupt zum Abschied.

20 EXT. – STALINSTADT – TAG

Das vollbepackte Motorrad knattert durch die Stadt.

HERMANN
Festhalten, ich hole alles aus der alten Emily raus!

Er gibt Vollgas. Die Kinder jubeln vor Freude, als sie ein Pferdefuhrwerk überholen.

21 EXT. – SCHULE STALINSTADT – TAG

Hermann, Karl und Theo, der Jakob wieder im Huckepack hat, erreichen die Schule des kleinen Städtchens, vor der ein heiteres Durcheinander von Schülern herrscht.

Karl trifft Klassenkameraden und sie verabschieden sich.

Theo umarmt den kleinen Jakob und deutet in Richtung einer GRUPPE JUNGPIONIERE*, die sich in einiger Entfernung sammeln.

THEO
Da ist deine Gruppe. Mach's gut, Großer.

JAKOB
Tschüss, Theo, tschüss, Papa.

Er läuft mit seinem Rucksack zu den anderen Jungpionieren.

HERMANN
Wird schön kalt werden im Zelt.

Aber Theo hat nicht zugehört: Er beobachtet LENA, ein hübsches, aufgewecktes Mädchen seines Alters. Sie unterhält sich lachend in einiger Entfernung mit REGINA und KLARA, zwei eineiigen Zwillingen. Als sie ihn entdeckt, grüßt sie Theo mit einem hinreißenden Lachen, was er winkend erwidert.

Hermann beobachtet Theos Flirt.

HERMANN
Theo!

THEO
Huh? Was?

HERMANN
Im Frühjahr schreibst du Abitur.

THEO
Ich weiß?!

HERMANN
Nur darauf musst du dich konzentrieren, verstehst du?

Theo nickt.

* Siehe Überblick *Jugend in der DDR* (S. 8).

THEO
Keine Sorge, hab' alles im Griff.

Der Vater drückt Theos Hand und mit der Linken gleichzeitig die Schulter des Sohnes.

HERMANN
Bin stolz auf dich.

Theo nickt.

Der Vater wirft noch einen missbilligenden Blick auf Lena, dann lässt er seinen Sohn ziehen.

Während Theo auf Lena und ihre Freundinnen zusteuert, holt er ein kleines Lyrikbändchen aus der Jackentasche und klappt es auf: darin liegt das gepresste, vierblättrige Kleeblatt.

Er atmet noch einmal tief durch, dann klappt er das Buch vorsichtig zusammen und geht die letzten Schritte auf Lena zu.

KLARA
(leise)
Er kommt.

REGINA
Wir verschwinden lieber.

LENA
Bis gleich.

Die Schwestern gehen kichernd.

THEO
Guten Morgen, Lena.

LENA
Hallo, Theo.

Sie fassen sich zärtlich an den Händen und schauen sich einen Augenblick lang verliebt in die Augen.

THEO
Ich hab dir was mitgebracht.

Er öffnet das Büchlein. Lena sieht das Kleeblatt.

THEO
Ein Glücksbringer. Fürs Abitur.

LENA
Theo! Das ist ja wahnsinnig… selten.

THEO
Och, naja.

Sie strahlt ihn an.

LENA
Das ist aber süß von dir. Hebst du es auf? Damit es nicht kaputtgeht?

THEO
Klar.

Sie legt es vorsichtig in das Lyrikbändchen zurück. Dann schaut sie sich verstohlen um und gibt Theo einen Kuss auf den Mund.

THEO
Komm!

Er zieht sie mit sich vor das Schulgebäude, wo sich die Klassen formieren…

22 EXT. – SCHULE – TAG

Auf dem Schulhof wird der morgendliche FDJ-Fahnenappell* abgehalten.

Die SCHÜLERINNEN UND SCHÜLER treten geschlossen in Klassenformation an.

* Siehe Überblick *Jugend in der DDR*.

FDJ-SEKRETÄR RINGEL, ein etwa vierzigjähriger, hagerer Mann mit ernstem Gesicht, steht vor der versammelten Lehrkörperschaft.

RINGEL
(laut)
Jugendfreunde: stillgestanden!

Unter den Schülern hat sich auch die Klasse der Abiturienten versammelt, insgesamt 20 Schüler. Unter ihnen sind Kurt, Theo, Erik, Paul und ACHT WEITERE JUNGS, außerdem ACHT MÄDCHEN, unter denen auch Lena ist.

RINGEL
*Ich begrüße euch mit dem Gruß der freien deutschen Jugend: für Frieden und Sozialismus**, *seid bereit!*

ALLE SCHÜLER
Immer bereit!

RINGEL
Der Herr Direktor Schwarz hat das Wort.

DIREKTOR SCHWARZ, höchstens Mitte dreißig, tritt vor.

SCHWARZ
Freundschaft!

ALLE SCHÜLER
Freundschaft!

SCHWARZ
*Liebe Schülerinnen, liebe Schüler … mir liegt jetzt das Ergebnis unseres … oder sagen wir besser eures Einsatzes als Erntehelfer vor. Ihr habt durch eine außerordentliche Leistung geholfen, dass wir die Produktivität der LPG***

* Siehe Überblick zum historischen Kontext.
** Landwirtschaftliche Produktionsgenossenschaft; teilweise freiwilliger, später unter Zwang erfolgter Zusammenschluss von Bäuerinnen/Bauern und deren Produktionsmitteln zur gemeinschaftlichen agrarischen Produktion in der DDR.

wieder einmal steigern konnten. Enorm steigern. Wenn unsere Abiturienten demnächst so fleißig studieren, wie sie Kartoffeln ernten, dann werden wir stolz auf sie sein –
(lächelt)
Ich werde stolz auf sie sein.

Die Schüler lächeln verschämt.

SCHWARZ
Vorwärts!

ALLE SCHÜLER
VORWÄRTS!

Die Schulklassen und die Lehrer gehen auseinander.

23 EXT. – SCHULE / INT. – KLASSENZIMMER – TAG

Erik und Paul holen Kurt und Theo ein, die gerade mit Lena und den Zwillingen, in Begleitung aller anderen Klassenkameraden, zu ihrem Schulgebäude gehen.

ERIK
Haben die Russen euch erwischt?

THEO
Ja, ist aber nix passiert.

ERIK
Du hast doch echt 'nen Vogel. Das hätte richtig Ärger geben können.

LENA
Was war denn?

PAUL
Theo hat gestern 'nem Russen eine Nuss an den Kopf geworfen.

LENA
(lacht)
Nein!

KLARA
(entsetzt)
Wieso das denn?

THEO
Weiß nicht. Die saßen da so dick im Wirtshaus, aber ganz am anderen Ende, dann habe ich gezielt …

Kurt sieht, wie Lena Theo bewundert.

KURT
Wegen den Ungarn!

LENA
Hast du auch eine Nuss geworfen?

KURT
Nein.

LENA
Der Aufstand ist so mutig von den Ungarn.

Jetzt erreichen die Schüler das Klassenzimmer.

REGINA
(zu Erik)
Dein Vater hat in der Predigt gesagt, wir sollen für die Ungarn beten.

ERIK
Er ist mein Stiefvater, und er predigt nur Blödsinn.

THEO
Wenn Euch der Ungarnaufstand so interessiert, könnten wir nach der Schule zum alten Edgar gehen und RIAS hören. Oder, Paul?*

PAUL
Weiß nicht…

KURT
Doch, im Westen wird ganz anders über den Aufstand berichtet als bei uns.

ERIK
Ist doch nur Propaganda und außerdem ist es einfach verboten, Mensch.

Ein paar umherstehende Schüler pflichten Erik bei: »Eben…«, »Alles nur Kapitalistenpropaganda…«.

LENA
Ich komme mit.

KLARA
Dann komme ich auch mit.

REGINA
Ich auch!

Weitere Schüler stimmen auch zu.

LEHRER SCHMIDTKE (O.S.)
GUTEN MORGEN!

Die Schüler stellen sich schnell hinter ihre Tische und erwidern den Gruß.

SCHÜLER
GUTEN MORGEN, HERR SCHMIDTKE!

---

* RIAS (»Rundfunk im amerikanischen Sektor«): Rundfunkanstalt in West-Berlin. Offiziell war es in der DDR verboten, »Westsender« zu hören und zu sehen.

LEHRER SCHMIDTKE ist sehr alt und hat etwas Verschmitztes.

LEHRER SCHMIDTKE
So, dann schreiben wir mal unsere Klausur, nicht wahr?

Alle setzen sich. Theo knöpft seine Hemdenmanschette* auf und überprüft, ob der Spickzettel in der Innenseite richtig sitzt.

24 EXT. – SCHIEẞSTAND – TAG

Schießübungen in der Gesellschaft für Sport und Technik. Ein Mann namens WARDETZKI brüllt die Jungs an.

WARDETZKI
KIMME, KORN, ZIEL UND FEUER!** Mit euch Pfeifen hätten wir den Krieg schon in der Tschechei verloren.***

Erik flüstert Theo zu.

ERIK
Ich würde ihm am liebsten eine Kugel durch sein verfluchtes Nazihirn jagen und die ganze Wand mit dem Schmodder vollspritzen.

THEO
Ist ja ekelhaft, Erik.

Theo wendet sich an Paul.

THEO
Komm schon, Paul!

PAUL
Meine Eltern reden nicht mehr mit Onkel Edgar.

Kurt schießt – und trifft ins Schwarze.

---

* Abschluss des Ärmels.
** Schrittfolge beim Schießen; Kimme und Korn dienen dem Zielen bei Gewehren.
*** Begriff der Nationalsozialisten für tschechische Gebiete; bis heute sehr negativ besetzt.

THEO
Muss doch keiner was erfahren …

PAUL
Ich weiß nicht.

Kurt trifft wieder ins Schwarze.

ERIK
Geh nicht zum alten Edgar, Paule! Du weißt, dass der dich ganz heiß findet.

THEO
Blödsinn. Wir sind doch alle zusammen.

Kurt trifft zum dritten Mal ins Schwarze.

THEO
(zu Kurt)
Jetzt mal daneben, Kurti, sonst geht's – pfft – zur NVA als Scharfschütze.*

Kurt zielt daneben und trifft nur den Rand der Zielscheibe. Wardetzki winkt enttäuscht ab.

THEO
(zu Paul)
*Haste gesehen, was Lena für Augen gemacht hat? Die Mädchen stehen drauf, wenn man sich für die Weltpolitik interessiert. Dann tanzen wir ein bisschen Boogiewoogie** …*

Paul feuert seinen Karabiner*** auf die Pappscheibe ab. Dann lächelt er seinen Freund Theo an.

PAUL
Boogiewoogie?

---

* Nationale Volksarmee: Streitkraft der DDR. In der DDR herrschte allgemeine Wehrpflicht für Männer.
** Musikstil aus den USA.
*** Gewehr mit kurzem Lauf.

25 EXT. – EDGARS HAUS – TAG

Die Schülergruppe kommt einen Weg zu einem einsam gelegenen Gehöft am See entlang. Mit von der Partie sind Kurt, Theo, Lena, Paul, die Zwillinge und vier weitere Mitschüler.

Theo und Lena gehen zusammen. Als sie in den Hofbereich treten, betrachtet Lena den eingefallenen Dachstuhl der Scheune. Alles hier wirkt sehr verwahrlost.

LENA
Hier wohnt noch jemand?

PAUL
Ja, mein Großonkel. Er ist etwas wunderlich …

LENA
Was ist denn passiert?

PAUL
Die Russen haben ihm '45 den Hof abgefackelt.

THEO
Paule! Geh du mal vor.

Paul stapft zur Haustür, während die anderen sich etwas zurückhalten. Er klopft an, aber es rührt sich nichts.

Er schaut achselzuckend zu den Klassenkameraden.

Kurt entdeckt jetzt EDGAR, der am Ufer seelenruhig aus dem See steigt. Die anderen Schüler sehen ihn jetzt auch.

KLARA
Mach die Augen zu, Regina!

Die frommen Mädchen kneifen die Augen zu vor Scham, denn Edgar, 82 Jahre alt, ist nackt, wie Gott ihn schuf. Er ist ein großer, dünner Mann mit einem ulkigen Spitzbauch und einem sehr exzentrischen Auftreten.

In aller Ruhe trocknet Edgar sich ab und bindet sich das Handtuch um. Dann setzt er seine Brille auf und sieht die Schüler.

EDGAR
POTZBLITZ! DAS BETONT LÄSSIGE PAULCHEN!

PAUL
Äh, hallo, Edgar.

EDGAR
Und die halbe Abiturklasse hat er dabei! Wie schön, dass ihr den alten Edgar mal besuchen kommt.

KURT
Wir haben 'ne Frage, Edgar.

EDGAR
Nur eine? In eurem Alter hat man doch tausende Fragen. Millionen Fragen, hat man da zu haben.

KURT
Wir wüssten gerne, wie im Westen über den Ungarnaufstand berichtet wird.

Edgar schaut in die jungen Gesichter.

EDGAR
Und da kommt ihr zum alten Edgar? Und wollt heimlich RIAS hören?

Die Schüler blicken verunsichert.

EDGAR
Da seid ihr an der richtigen Adresse. Kommt rein.

26 INT. – EDGARS HAUS – TAG

Edgars Haus ist das vollgestellte Archiv eines langen Lebens: alte Möbel, viele Bücher, Teppiche und Kunst, Blumenvasen und gerahmte Fotos.

Die Schüler stehen etwas verunsichert und stumm im Salon und schauen sich um.

EDGAR (O.S.)
Mach ruhig das Radio an, Paul! Ich komme gleich.

PAUL
In Ordnung.

Paul geht zur Kommode, auf der ein großes, hölzernes Radio steht und stellt es an: Es läuft »Swing, swing, swing«.

Lena und Theo betrachten derweil das sehr alte Foto einer großbürgerlichen Familie zu Kaiserzeiten.

THEO
Paul? Wie alt ist Edgar eigentlich?

PAUL
82. 1874 ist er geboren.

LENA
Da hat Bismarck* noch regiert.

Kurt kommt dazu.

KURT
Edgar hat den Kaiser erlebt. Und den ersten Weltkrieg, die Weimarer Republik …

LENA
Das Dritte Reich …

EDGAR (V.O.)
Und jetzt den Sozialismus.

Edgar trägt nun Knickerbocker** und ein wild gemustertes Hemd unter einer Strickjacke. Er schenkt sich einen Cognac ein.

---

* Otto von Bismarck (1815–1898) war erster Reichskanzler des Deutschen Kaiserreichs, das bis zum Ende des ersten Weltkriegs 1918 bestand. Danach wurde die erste parlamentarische Demokratie in Deutschland gegründet (Weimarer Republik).
** Wadenlange Hose mit weiten Beinen.

EDGAR

Wer möchte, greift zu! Cognac wärmt. Das Wasser ist eiskalt, aber das hält mich jung!

Theo nimmt sich einen Cognac. Lena macht große Augen – er bietet ihr einen Schluck an. Sie nickt und nippt – und verzieht den Mund. Dann trinkt Theo einen Schluck und muss auch den Mund verziehen. Sie lacht.

Im Radio endet der Song, die Friedensglocke des RIAS ist zu hören.

RADIOSPRECHER

Ich glaube an die Unantastbarkeit und an die Würde jedes einzelnen Menschen. Ich glaube, dass allen Menschen von Gott das gleiche Recht auf Freiheit gegeben wurde. Ich verspreche, jedem Angriff auf die Freiheit und der Tyrannei Widerstand zu leisten, wo auch immer sie auftreten mögen.

Die Jugendlichen lauschen ehrfürchtig.

RADIOSPRECHER

Hier ist RIAS Berlin. Eine freie Stimme der freien Welt. Gestern Nacht mussten die aufständischen Ungarn in ihrem Kampf um Freiheit und Selbstbestimmung gegen die russische Besatzungsmacht tragische Verluste hinnehmen, nachdem die Armee anfing, den Aufstand gewaltsam niederzuschlagen.

Originaltöne aus den Straßenkämpfen sind zu hören.

Gewehrsalven und Panzerlärm.

Die Schüler reden entsetzt durcheinander.

LENA
Die Armee greift ein?

KLARA
Das ist ja schrecklich …

KURT
Die Russen schießen auf die Studenten …

REGINA
Wieso schießen die denn aufeinander?

RADIOSPRECHER
Die ungarischen Zivilisten bewaffneten sich in der Folge und nahmen tapfer den Kampf gegen den übermächtigen Feind auf.

Wieder sind Gewehrsalven und das Chaos der Straße zu hören.

RADIOSPRECHER
Die Lage in Ungarns Hauptstadt ist weiterhin unklar, auch die Anzahl der gefallenen Freiheitskämpfer konnte nicht genau ermittelt werden. Schätzungen zufolge handelte es sich um mehrere Hundert Gefallene, unter ihnen auch der Kapitän der ungarischen Fussballnationalmannschaft Ferenc Puskás.

THEO
Puskás ist tot? Die Russen haben Puskás getötet?

KURT
Hunderte sind da gefallen!

PAUL
Er hat England geschlagen, warum bringen die einen Fußballer um?

LENA
Die können doch nicht einfach auf die Leute schießen!

RADIOSPRECHER
In Washington sprach Präsident Eisenhower sein Bedauern über die Intervention* der sowjetischen Armee in Ungarn aus. Ihr Vorgehen, so erklärte er, zeige, dass

* Eingreifen.

die Soldaten nicht in Ungarn stationiert wurden, um einen Angriff von außen abzuwehren, sondern um die Okkupation* Ungarns auch nach dem Friedenschluss von 1947 lediglich im eigenen Interesse der Besatzungsmacht fortzusetzen.

Die Schüler reden wieder entsetzt durcheinander.

PAUL
Die setzen einfach die Armee ein?!

LENA
Die Russen richten ein Blutbad an …

KURT
Verdammte Schweine, wie soll man sich denn gegen so was zur Wehr setzen?

KLARA
Wieso kann man denn das nicht friedlich lösen …

Theo steht auf und dreht das Radio lauter. Jetzt kann man den Sprecher wieder verstehen.

RADIOSPRECHER
In Straßburg erhoben sich heute die Abgeordneten des Europarates von ihren Sitzen und verharrten zum Gedenken an die Opfer von Budapest zwei Minuten in Schweigen. Sie nahmen einstimmig eine Entschließung an: »In dem Bewusstsein, dass keine Tyrannei ewig währen kann, in dem Wissen, dass der Geist der Menschlichkeit immer über die Unterdrückung triumphiert, spricht die Versammlung tief bewegt von der menschlichen Tragödie, die sich in Zentral- und Osteuropa abspielt, all denen ihre tiefe Bewunderung und Sympathie aus, die in diesem Moment leiden und ihr Leben hingeben, damit die Flamme der Freiheit nicht erstickt wird.«

Und nun die weiteren Meldungen des Tages.

* Besetzung fremden Staatsgebiets, meist mit militärischen Mitteln.

Kurt dreht das Radio ab.

KURT
Das machen wir auch!

THEO
Was machen wir auch?

LENA
Eine Schweigeminute?

KURT
Na klar. Wir machen eine Schweigeminute. Im Unterricht.

KLARA
In Gedenken an die Gefallenen!

KURT
Morgen, erste Stunde, Geschichte beim Mosel. Wir reden einfach nicht mehr, wir gedenken der Opfer!

Jetzt reden wieder alle durcheinander.

KLARA *Aber wie lange denn?*	REGINA *Auch für zwei Minuten?!*
LENA *Das wird lustig.* *Wenn keiner was sagt.*	KURT *Der Mosel wird blöd* *schauen …*

PAUL
Ich sage nie was. Bei mir fällt eine Schweigeminute gar nicht auf.

KURT
Sind alle dabei?

Er schaut in die Runde.

KURT
Sie schießen auf friedliche Demonstranten. Wir müssen doch irgendwas machen.

Alle Schüler nicken, einige grinsen, ein toller Streich …

KURT
Das wird großartig.

Theo schaut Kurt mit großen Augen an.

KURT
Bist du auch dabei, Theo?

Theo zögert.

LENA
– Mosel kommt rein, Freundschaft … und nix. Keiner grüßt. Zwei Minuten lang. Du machst doch auch mit, Theo, oder?

THEO
Klar. Klar mach ich mit.

EDGAR
Hoho, das wird eine Revolution, von der die Welt noch lange reden wird. Ich trinke auf meine Freunde, die jungen Revolutionäre.

Er prostet ihnen zu und trinkt. Die Schüler fühlen sich verhöhnt.

KURT
Immerhin ist es ein Zeichen.

LENA
Genau. Der Solidarität.

KURT
Was können wir schon tun? Wir sind Schüler.

EDGAR

Oh, ihr habt mich falsch verstanden. Ich meinte es ernst. Euer Schweigen wird ein Echo haben, größer und mächtiger, als ihr es euch vorstellen könnt. Denn in Deutschland hatten Revolutionäre noch nie leichtes Spiel, sonst hätten wir den Sozialismus schon in der Weimarer Republik nicht verraten.

Ich verspotte euch nicht, ich bewundere euch. Eine Schweigeminute ist eine große Geste und die Kraft eurer Jugend ist beneidenswert.

Aber nun hinfort mit euch Gemüse, der alte Edgar will jetzt seine Ruhe haben.

Etwas irritiert brechen die Schüler auf.

EDGAR

Paul, mein Lieber?

PAUL

Ja?

EDGAR

Sei so gut und berichte mir. Ihr könnt jederzeit zu Besuch kommen und mein Radio nutzen, um euren Wissensdurst zu stillen. Aber berichtet mir.

PAUL

Gut. Danke, Edgar.

27 EXT. – EDGARS HAUS – TAG

Die Schüler stapfen von Edgars Haus weg.

THEO

Ich habe kein Wort von dem verstanden, was er gefaselt hat.

PAUL
Ist wurscht.

LENA
Aber das machen wir morgen, oder?

THEO
Klar!

KURT
Aber wir sollten vorher noch mit den anderen in der Klasse reden!

28 INT. – KLASSENZIMMER – TAG

Eine Glocke ertönt. Die Abiturienten betreten das leere Schulzimmer.

Kurt, Theo und Paul sowie Lena, Klara und Regina verbreiten die Nachricht unter den anderen Schülern.

Kurt trifft auf Erik.

KURT
Hör mal, Erik. Wir schweigen in den ersten Minuten beim Mosel. Alle.

ERIK
Wie?

KURT
Wir sagen nichts. Zwei Minuten lang. In Angedenken der gefallenen ungarischen Genossen.

ERIK
Spinnst du jetzt völlig?

KURT
Wieso? Worin liegt denn der Sinn, dass Sozialisten Sozialisten töten?

ERIK
Du kapierst es nicht! Die Faschisten und die Kapitalisten aus dem Westen wollen die Sowjetunion kaputtmachen!

Der Disput zwischen Kurt und Erik zieht jetzt die Aufmerksamkeit der anderen Schüler auf sich.

KURT
Einer dieser Faschisten, *den die Russen erschossen haben, war dein Fußballidol Ferenc Puskás!*

ERIK
Das ist nicht wahr.

THEO
Doch, Erik. Puskás ist tot.

Erik ist wirklich getroffen.

KURT
Imre Nagy führt die Opposition an. Er ist ein überzeugter Sozialist, kein Rechter, das weißt du genau.

THEO
Die Russen sollen jetzt mal die Biege machen.

ERIK
Klar, damit du nicht mehr bis zum Ku'damm fahren musst, um deine Tittenfilme zu schauen.

LENA
Warst du in »Liane«?

THEO
Nur um die Wochenschau zu sehen. Mosel kommt gleich! Stimmen wir ab. Wer ist für eine Schweigeminute?

Lena reagiert sofort. Die Zwillinge und Paul machen auch mit. Die anderen zögern.

KURT
Die Ungarn, die da sterben, sind so alt wie wir!

Jetzt heben weitere den Arm, Theo zählt durch.

THEO
Zwölf. Die Mehrheit.

ERIK
Ist mir doch völlig egal …

LEHRER MOSEL (V.O.)
FREUNDSCHAFT!

»*Guten Morgen, Freundschaft, Tachchen*«, schallt es zurück, während die Schüler ihre Plätze einnehmen.

Der Lehrer schlägt das Geschichtsbuch auf.

LEHRER MOSEL
Wir wiederholen den Stoff …
(er liest)
Die vorrevolutionäre Situation in Deutschland! Wie war die Haltung der SPD im Jahr 1918?

Keine Hand geht nach oben. Mosel stutzt.

LEHRER MOSEL
Nanu? Das ist einfach. Paul?

Paul stellt sich neben seine Bank und gibt keine Antwort.

LEHRER MOSEL
Nein? Nichts? Dann gibt das wieder eine Sechs, Paul.

Paul zuckt gleichgültig die Schultern. Er hat beide Hände in den Hosentaschen und den Kopf provokant in den Nacken gelegt.

LEHRER MOSEL
Nimm die Hände aus der Tasche, wenn ich mit dir spreche, du Flegel!
Kurt! Sag du es uns!

Kurt stellt sich neben die Bank und sagt nichts.

LEHRER MOSEL
Kurt, ich weiß, dass du es weißt. Wieso sagst du nichts?

Kurt wirft einen verstohlenen Blick zur Uhr über der Tafel.

Lehrer Mosel sieht es, folgt dem Blick und entdeckt die Uhr. Es ist acht Uhr und drei Minuten.

LEHRER MOSEL
Wieso sagst du nichts, Kurt?

Kurt schaut Mosel leer an.

Lenas Wangen sind rot vor Aufregung. Theo grinst sie verstohlen an.

LEHRER MOSEL
Und du, Theo?

Auch Theo steht auf, ohne etwas zu sagen. Dafür beißt er sich auf die Lippen, um sein Lachen zu unterdrücken.

LEHRER MOSEL
Lustig, was? SAG IRGENDWAS, VERDAMMT!

Theos Lachkrampf steckt andere Schüler an. Lena jedoch scheint die Sache ebenso wie Kurt mit einem heiligen Ernst zu betreiben.

LEHRER MOSEL
Was ist hier los? Ich will wissen, was hier gespielt wird! LENA!

Sie steht auf. Mosel kommt ganz nah an sie heran.

LEHRER MOSEL
Was ist hier los?

Sie hält seiner bedrohlichen Nähe mit festem Blick stand. Mosels Lippen zittern.

LEHRER MOSEL
WAS IST HIER LOS?
(zur Klasse)
WAS IST HIER LOS, WILL ICH WISSEN!

ERIK
Es ist ein Zeichen des Protests…

Mosel schnellt herum.

LEHRER MOSEL
Was sagst du?

Alle Schüler starren jetzt Erik an, weshalb er sich nicht traut weiterzusprechen.

LEHRER MOSEL
Wiederhole bitte, was du gesagt hast!

Erik senkt den Blick.

LEHRER MOSEL
Ein Zeichen des Protests? Gegen was? Gegen mich?

Aber er bekommt keine weitere Antwort und entscheidet sich, das Klassenzimmer zu verlassen und die Tür laut hinter sich zuzuschlagen.

29 INT. – KLASSENZIMMER – KURZ DARAUF

Einen Augenblick noch steht die Klasse still da, dann bricht Gelächter aus.

Die meisten schnattern aufgeregt durcheinander, aber Erik setzt sich ermattet hin und stützt den Kopf in beide Hände.

Kurt und Theo grinsen sich breit an, während Paul ein Fenster öffnet und sich eine Zigarette anzündet.

Lena kommt zu ihm.

LENA
Ich will auch eine. Bitte.

Theo und Kurt kommen dazu. Theo nimmt sich ebenfalls eine von Pauls Zigaretten.

LENA
Das war so aufregend! Habt ihr gesehen, wie seine Lippe gezittert hat?

Theo macht den Lehrer nach.

THEO
»Gegen wen richtet sich dieser Protest? Etwa gegen mich?«

PAUL
»Was ist hier los? Ich will es wissen. «

Lena lacht, während Paul und Theo weiter ihre Späße reißen.

Kurt hat nur Augen für Lena: wie sie lacht, wie sie raucht, die feinen Härchen in ihrem Nacken … Plötzlich schaut sie ihn direkt an. Er zuckt etwas zusammen.

LENA
Willst du mal ziehen?

KURT
Huh?

Sie hält ihm die Zigarette hin.

KURT
Ich hab noch nie …

THEO
Mach schon!

Kurt nimmt Lenas Zigarette, zieht und versucht das Husten zu unterdrücken. Theo und Paul lachen und reißen weiter Witze. Lena schenkt Kurt ein Lächeln.

Plötzlich springt Kurt auf einen Tisch.

KURT
HÖRT MAL ALLE!

Es wird still in der Klasse.

KURT
Wir waren noch nie so sehr eine Klasse wie heute.

Erik nimmt seine Tasche und geht, gefolgt von den anderen sieben Schülern, die gegen die Schweigeminute waren.

Kurt steht etwas verloren auf dem Tisch.

THEO
Komm da mal runter, Kurti!
(zu Lena)
Gehen wir heute Abend wieder zu Edgar?

Sie nickt – und alle anderen sind auch dabei.

30 INT. – REKTORAT – TAG

Lehrer Mosel sitzt vorm Schreibtisch des Schuldirektors und nestelt unsicher am Griff seiner Aktentasche.

Der Direktor schaut auf den Schulhof, wo die Schüler Pause machen. Er holt Luft und wendet sich Mosel zu.

DIREKTOR SCHWARZ
Ich finde, wir sollten die Sache nicht überbewerten. Sind doch gute Schüler, unsere Abiturienten. Überzeugte Sozialisten. Ich finde, unser Land kann auf sie setzen. Wir machen doch eine gute Arbeit, Genosse. Oder meinste, dass wir uns hier etwas vorwerfen müssen? Wer weiß, was die geritten hat.

Mit den letzten Worten geht er in Richtung Tür, an Mosel vorbei, der sich zum Gehen erhebt.

DIREKTOR SCHWARZ
Ich finde, wir sollten diese Sache unter uns behalten, du weißt ja, wer jede Wolke fürchtet, taugt zum Bauer nicht.

Mosel nickt wenig überzeugt.

LEHRER MOSEL
Wenn du meinst.

In diesem Moment klopft es an der Tür.

DIREKTOR SCHWARZ
Herein!

FDJ-Sekretär Ringel tritt auf.

DIREKTOR SCHWARZ
Genosse Ringel, einen kurzen Augenblick, Stefan und ich sind gleich fertig.

Aber Ringel tritt dennoch ein.

RINGEL
Ich komme in derselben Angelegenheit.

Er schließt die Tür.

RINGEL
Genosse Mosel hat mich bereits über den sagenhaften Ungehorsam der Abiturienten informiert.

Schwarz schaut Mosel an, der schuldbewusst den Blick senkt.

RINGEL
Wie werden wir gegen diese Klasse vorgehen?

Direktor Schwarz hat darauf keine Antwort.

RINGEL
Oder gedenkst du, diese Sache zu bagatellisieren*?

---

*Verharmlosen.

31 EXT. – FUßBALLPLATZ – ABENDDÄMMERUNG

Kurt und Theo dribbeln durch das Mittelfeld auf einem Fußballplatz, der mehr ein Acker als ein Rasen ist.

Als Kurt zum Tor vorstoßen will, stoppt ihn Erik mit einem harten Foul.

Kurt stürzt dramatisch, woraufhin der TRAINER das Spiel abpfeift und alle Spieler zusammenlaufen.

Kurt windet sich vor Schmerzen am Boden, als Theo sich zu ihm kniet.

THEO
Alles in Ordnung?

KURT
Gleich … Ahrgh …

THEO
(zu Erik)
Spinnst du?

ERIK
Willste auch noch ein paar?

TRAINER
Schluss! Aufhören. Das war ein ganz böses Foul, Erik.

KURT
Geht schon wieder. Erik wollte nur den Ball spielen.

TRAINER
Ihr seid eine *Mannschaft oder gar nix. Duschen und dann ab nach Hause.*

Während die Jungs vom Platz gehen, kommt Theos kleiner Bruder Karl zu ihm.

KARL
Theo? Theo! Du sollst zum Direktor kommen.

Theo tauscht Blicke mit Kurt.

THEO
(zu Karl)
Sag Papa nix.

KARL
Klar.

KURT
Bis später.

Theo nickt.

32 INT. – REKTORAT – NACHT

Schwarz sitzt auf einer schmalen Bank unter ein paar wenigen Büchern, neben ihm ein Samowar*. Es klopft.

SCHWARZ
Komm rein, Theo. Komm. Komm nur.

Theo tritt ein.

THEO
Sie wollten mich sprechen?

SCHWARZ
Ja. Setz dich. Setz dich. Tee?

THEO
Gerne.

Schwarz füllt Tee in zwei kleine Gläser.

SCHWARZ
Zucker?

* Eine Art Wasserkocher zur Teezubereitung.

THEO
Gerne, danke.

Sie rühren sich Zucker in den Tee.

SCHWARZ
Wie geht es dir?

THEO
Gut. Danke.

SCHWARZ
Und der Familie?

THEO
Auch allen gut.

SCHWARZ
Schön. Schön. Und dem Vater?

THEO
Dem geht es auch gut. Ja.

Theo wird zunehmend misstrauisch, wohin diese Teestunde führt.

SCHWARZ
Er arbeitet hart, nicht wahr?

THEO
Jaja.

DIREKTOR SCHWARZ
Weißt du, Theo, ich war ja auch ein einfacher Arbeiter. Landarbeiter. Ich wäre mein ganzes Leben ein Arbeiter geblieben, wie dein Vater – und du vermutlich auch. Wenn die Genossen nicht Menschen wie mir die Möglichkeit gegeben hätten, Neulehrer zu werden und so eine wunderbare Schule hier zu leiten. Der Sozialismus ist noch nicht perfekt. Aber er ist gut. Für uns ist das gut.

THEO
Ich weiß. Sie wollen sicher wissen …

SCHWARZ
Nein. Nein, ich will nichts wissen. Ich will gar nichts wissen. Ich möchte nur mit einem Schüler, der aus ähnlichen Verhältnissen stammt wie ich und der nächstes Jahr Abitur machen kann, einen Tee trinken. Ich sitze hier ja nicht mit einem kleinbürgerlichen Pinkel, der denkt, er sei etwas Besseres, sondern mit einem, der weiß, dass wir Arbeiter zum ersten Mal eine Chance haben. Eine historische Chance. Eine Zukunft. Und die wollen wir uns nicht verbauen.*

Er nippt an seinem Tee.

SCHWARZ
Du kannst nächstes Jahr Abitur machen! Dann steht dir die Zukunft offen.

Theo senkt den Blick.

SCHWARZ
Und wenn man so kurz vorm Abitur mal nichts zu sagen hat, naja, das ist nicht schlimm. Aber wenn eine ganze Klasse für zwei Minuten nichts zu sagen hat? Wenn alle schweigen? Das ist merkwürdig, Theo. Das kann man kaum glauben, oder? Dafür muss es eine Erklärung geben.

Er schaut Theo lange an.

SCHWARZ
Ja. Für so etwas braucht man eine Erklärung.

Schwarz nickt zu seinen eigenen Worten und pustet in den Tee.

---

* Eleganter, vornehmer Mann (umgangssprachlich, abwertend).

SCHWARZ
Die Bauern sagen: Wühlt im Herbst der Regenwurm, bringt der Winter Frost und Sturm. Und auf einen Sturm bereitet sich der schlaue Bauer vor.

Theos Blick.

DIREKTOR SCHWARZ
Gute Nacht, Theo.

Theo steht auf.

THEO
Gute Nacht, Herr Direktor.

33 EXT. – EDGARS HAUS – NACHT

Durch den Nebel, der jetzt vom Wasser aufsteigt, dringt leise die Stimme des RIAS-Sprechers von Edgars Haus über das Wasser.

RADIOSPRECHER
... die Lage in Ungarns Hauptstadt Budapest scheint sich zunehmend zu klären.

34 INT. – EDGARS HAUS – KURZ DARAUF

Kurt, Lena, Paul, Klara, Regina und sieben weitere Schüler haben sich um Edgars Radio versammelt.

RADIOSPRECHER
Nachdem Hundertausende für Meinungsfreiheit, für freie Wahlen und für mehr Unabhängigkeit von der Sowjetunion demonstrierten, gab heute Oppositionsführer Imre Nagy seine neue Regierung bekannt und erkannte die Revolution an. Die Sowjetunion kündigte an, sich militärisch aus Ungarn zurückzuziehen. Die Hauptstadt Budapest wurde bereits von den russischen Truppen an die neue Regierung übergeben.

Die Schüler jubeln, als sie das hören. Alle fallen sich in die Arme – auch Lena und Kurt, aber gleich gehen sie auch wieder etwas unsicher auf Distanz.

KURT
Sie haben es geschafft!

LENA
– Ja. –

In diesem Augenblick tritt Theo auf.

LENA
Theo, die Ungarn haben eine neue Regierung! Die Russen ziehen ab!

THEO
Wirklich?

LENA
Ja. Sie haben es geschafft! Wenn sie aus Ungarn abziehen, dann lassen sie uns vielleicht auch bald in Ruhe!

Theo dreht das Radio laut auf, in dem jetzt Little Richard* singt: »I got it«.

THEO
TANZEN, KINDER! TANZEN!!!

Theo und Lena fangen sofort an zu tanzen, gefolgt von Paul – ganz zu Edgars Freude, der in seiner Küche verschwindet und mit vier Flaschen Weißwein zurückkommt.

Die Zwillinge tanzen mit, schließlich alle anderen Schüler außer Kurt.

THEO
Kurt! Tanzen, tanzen!!!

* US-amerikanischer Rock-'n'-Roll-Sänger.

Kurt betrachtet seine Klasse – auch er freut sich, schüttelt aber schüchtern den Kopf.

Edgar reicht Kurt ein Glas Weißwein.

EDGAR
Ist doch ein Grund zum Feiern.

KURT
Ja, sicher. Ich hätte nicht gedacht, dass die Russen sich zurückziehen.

EDGAR
Auf die Freiheit der Völker.

KURT
Auf die Freiheit.

Sie stoßen an.

35 EXT. – EDGARS HAUS – NACHT

Lena und Theo wandern ein Stück vom Haus weg. Die Party ist ruhiger geworden. Im Radio läuft jetzt »Aura Lee«.

LENA
Das Lied ist schön.

THEO
Ja. Ist schön. Und du bist schön.

Er schaut sie direkt an. Lena lächelt verlegen – dann küssen sie sich.

KURT (O.S.)
Theo?

Lena zuckt zurück.

KURT
'tschuldigung… Wir gehen.

THEO
Nee, die sollen mal noch kurz warten. Komm!

Er zieht Lena mit sich.

36 INT. – EDGARS HAUS – SPÄTER

Die Schüler verabschieden sich bereits von Edgar.

Theo dreht die Musik aus dem Radio ganz ab.

THEO
Äh, wartet mal. Ich hatte vorhin ein ganz merkwürdiges Gespräch mit Direktor Schwarz. Der wollte mir sagen, dass sich da etwas zusammenbraut. Glaube ich.

KURT
Was hat er denn gesagt?

THEO
Ja, naja, irgendwas vom Regenwurm im Herbst und dass ein Sturm kommt, oder so.

LENA
Wie?

THEO
Ich hab's vergessen. Aber die Botschaft war auch so deutlich: Die werden die Schweigeminute untersuchen. Klar. Er hat ganz schön Angst um seinen Posten. Und er meinte, die Sache kann uns unser Abitur kosten.

REGINA
Was?

KLARA
Wieso denn das Abitur?

EDGAR
Weil eine Schweigeminute einen politischen Willen demonstriert. Eine unliebsame politische Überzeugung.

THEO
Ja, wie auch immer. Ich habe drüber nachgedacht und eine Lösung gefunden. Wenn wir gefragt werden, sagen wir einfach, dass wir nur geschwiegen haben, weil Puskás gefallen ist.

LENA
Wer?

PAUL
Na der Fußballer. Ferenc Puskás.

THEO
Genau. Wir haben aus Mitgefühl für ein Idol geschwiegen. Aus Sportbegeisterung, nicht aus politischer Überzeugung. So einfach.

LENA
Aber … Das ist ja gar nicht die Wahrheit.

THEO
Nee, das ist 'ne Ausrede, sonst gibt's Stunk.

LENA
Wir sollen also sagen, dass wir unpolitisch sind?

THEO
Ja. Die Ungarn haben gewonnen. Die Russen ziehen ab. Die Sache ist vorbei, und wir brauchen eine Ausrede.

LENA
Aber ich will mich nicht rausreden.

Stille.

Lena schaut von Theo zu Kurt … der tritt schließlich vor.

KURT

Lena hat Recht. Wir können uns nicht einfach mit Puskás rausreden. Es wäre gelogen. Was nützt die Revolution, wenn sie nur in unseren Köpfen stattfindet?

THEO

Die Revolution? Sag mal … Leute! Habt ihr es nicht ein bisschen kleiner? Man muss sich doch manchmal durchmogeln im Leben, so ist das halt.

EINIGE SCHÜLER

(durcheinander)

Theo hat Recht! Das kann bösen Ärger geben … Damit will ich nichts mehr zu tun haben … Wenn meine Eltern das erfahren …

ANDERER SCHÜLER

War doch klar … Das wird schon nicht so schlimm werden … Ist doch unsere gemeinsame Entscheidung gewesen …

In dem Durcheinander der spontanen Reaktionen tauschen Kurt, Theo und Lena Blicke.

EDGAR

Darf ich mal etwas fragen?

Alle Schüler schauen ihn an.

EDGAR

Wozu braucht ihr ein Abitur?

Die Schüler verstehen nicht, worauf er hinauswill.

EDGAR

Ihr scheint ja große Pläne zu haben. Wozu braucht ihr also ein Abitur?

Alle murmeln ihre Berufswünsche.

LENA

Ich will Architektur studieren.

PAUL
Ich will auf die Filmhochschule in Potsdam.

KLARA UND REGINA
Soziologie.

EDGAR
Und du, Kurt?

KURT
Ich will Ingenieur werden, wie meine Mutter.

EDGAR
Gut. Gute Pläne. Große Pläne. Und ich denke mal, dass ihr das machen wollt, um der Gesellschaft zu dienen. Um Häuser für die Arbeiter zu bauen und Maschinen … Um Filme zu drehen, die die Welt erklären und so weiter … Oder wollt ihr einfach nicht wie eure Eltern jeden Tag in einer LPG schuften oder Kohlen schippen? Wollt ihr vielleicht nur aus ganz egoistischen Zielen eure Zukunft halbwegs sichern?

KURT
Nein! Ich glaube an den Sozialismus.

Die anderen Schüler stimmen ihm auf ihre Art zu. Nur Theo schüttelt den Kopf über diesen Irrsinn.

EDGAR
Gut! Sehr gut! Man muss an etwas glauben, sonst geht es nicht. An den Sozialismus, den Kapitalismus oder den König, egal, Hauptsache, man ordnet sich einer Idee unter. Ihr habt allerdings etwas ganz anderes gemacht, als ihr eure Solidarität mit den Ungarn gezeigt habt. Ihr habt eigenständig gedacht. Ihr habt euch als Freidenker zu erkennen gegeben, und das mag kein System, denn das Individuum muss sich immer fügen, sonst herrscht

*Anarchie**. *Eine Idee, der ich im Übrigen sehr viel abgewinnen kann, aber das tut hier nichts zur Sache.*

Versteht ihr, was ich euch sagen will? Ihr seid jetzt Staatsfeinde, weil ihr gezeigt habt, dass ihr frei denken könnt und aus diesen Gedanken Taten folgen lasst. Und euer Direktor hat wohl Recht: Ein Sturm braut sich da mit Sicherheit zusammen.

Die Schüler schauen Edgar groß an.

EDGAR
Ich habe es euch bereits gesagt: Ich bewundere euch.

Er prostet ihnen mit seinem Weißweinglas zu und trinkt.

PAUL
Aber … Was jetzt, Edgar?

EDGAR
Das müsst ihr selber wissen. Das ist euer Weg.

THEO
Ich schlage vor, dass wir abstimmen.

KURT
Gut. Wer ist für die Ausrede und wer will zu unserer Solidaritätsbekundung stehen?

THEO
Diesmal machen wir es geheim. Es gab schon genug Ärger mit Erik!

KLARA
(fleht)
Ja, bitte.

---

* Herrschaftsfreier Zustand; Unordnung, Chaos.

37 INT. – EDGARS HAUS – KURZ DRAUF

Edgar sammelt kleine Zettelchen aus einem Hut ein und beginnt sie auszuwerten.

Die Schüler warten gespannt.

EDGAR
Die Mehrheit ist für die Notlüge.

Kurt verlässt das Haus und verschwindet in der Dunkelheit. Betretenes Schweigen. Lena geht Kurt nach.

EDGAR
Ohoh.

– Theo folgt ihr.

38 EXT. – SEEUFER – KURZ DARAUF

Lena und Theo holen Kurt am Seeufer ein.

THEO
Hallo …

KURT
Na?
(zu Theo)
Hast du noch eine Zigarette?

THEO
Meine letzte.

LENA
Teilen?

Sie lassen die Zigarette rumgehen.

THEO
Wir sollten da jetzt zusammenhalten, wenn die Mehrheit die Ausrede will …

Kurt nickt.

KURT
Klar, wenn du meinst.

LENA
Wenigstens waren wir einmal ungehorsam.

Kurt lacht.

KURT
Ja… Immerhin.

Lena und Kurt lächeln sich traurig an.

Theo registriert die wachsende Nähe zwischen Lena und Kurt.

LENA
– Ich würde am liebsten laut schreien.

Kurt versteht nicht.

KURT
Wie?

LENA
Na laut. Richtig laut. So sauer bin ich.

THEO
Mach mal. Ist doch 'ne gute Idee.

LENA
Jetzt?

KURT
Sie kann doch hier nicht rumschreien!

THEO
Doch. Schrei mal richtig laut rum. Du auch. Ist bestimmt gut.

Dann schreit Lena. Aus Leibeskräften brüllt sie in einer Mischung aus Wut und Freude.

Irgendwo schlagen Hunde an.

Kurt schaut sich sofort in alle Richtungen um.

Lena kichert und brüllt weiter. Theo brüllt mit ihr.

THEO
LOS KURT! DU BIST DOCH AUCH SAUER! LASS ES RAUS! AHHHHHH!

Kurt ruft verhalten.

KURT
Ah!

Lena boxt ihn, Theo schubst ihn.

KURT
(laut und immer lauter)
Aaaaa …

Die drei stehen im Nebel und schreien, so laut sie können.

Plötzlich hört Theo auf zu schreien. Kurt und Lena merken, dass etwas nicht stimmt.

THEO
Wir haben noch ein Problem … Erik muss mitmachen.

Lenas und Kurts Blicke.

39 EXT. – KIRCHPLATZ / PFARRHAUS – NACHT

Im Schatten der schlichten, protestantischen Dorfkirche liegt das Pfarrhaus …

40 INT. – PFARRHAUS – NACHT

… in dem Kurt, Theo und Lena gerade Einlass gewährt wird.

PFARRER MELZER
Kommt doch herein! Erik wird sich freuen, dass ihr vorbeischaut.

KURT
Es tut uns Leid, dass wir so spät noch stören.

PFARRER MELZER
Ach was! Eeriik! Er ist in seinem Zimmer. Geht ruhig hoch.

Die drei Freunde steigen die schmale Stiege hinauf, an deren Ende Erik sie bereits mit finsterem Blick erwartet.

ERIK
Was wollt ihr denn?

THEO
Plaudern.

LENA
Ist wichtig.

41 INT. – ERIKS ZIMMER – KURZ DARAUF

Erik lässt die drei in seine kleine, schmucklose Kemenate* – ein echtes Studierzimmer. Er hat nur ein einziges Bild aufgehängt, das Porträt eines Mannes in der Uniform des Rotfrontkämpferbundes**, darüber ein Emailleschild mit dem Symbol der Rotfrontkämpfer, der gestreckten Faust.

KURT
Die Russen ziehen aus Ungarn ab.

---

* Scherzhaft: Zimmer, Gemach.
** 1924 von der Kommunistischen Partei Deutschlands (KPD) gegründete paramilitärische (nicht dem staatlichen Militär angehörende) Vereinigung.

ERIK

Woher wisst ihr das?

KURT

RIAS.

ERIK

Wart ihr wieder bei Edgar? Gefällt dem warmen Bruder, wenn die Jungen auf seinem Sofa fläzen.

THEO

Ist ja gut jetzt, Erik. Wir müssen uns mit dir besprechen. Schwarz hat mir gesagt, dass es eine Untersuchung geben wird.

ERIK

Na sicher!

THEO

Wir wollen alle sagen, dass unsere Schweigeminute nur in Angedenken an den gefallenen Puskás war.

LENA

Aus Begeisterung für den Sport.

ERIK

Also unpolitisch?

Theo nickt. Lena schaut zu Kurt, dem die Ausrede immer noch nicht gefällt.

ERIK

Und du siehst das auch so, Kurt?

KURT

Es ist eine Mehrheitsentscheidung. Wenn du sie mitträgst, machen alle anderen bestimmt auch mit.

ERIK

Das ist keine Antwort. Bist du dafür?

KURT
Nein. Ich bin dagegen. Aber ich füge mich.

ERIK
Gut. Dann bin ich dabei.

42 EXT. – STALINSTADT – NACHT

Theo, Lena und Kurt kommen an eine Kreuzung.

LENA
Also – dann bis morgen.

THEO
Ich bringe dich nach Hause. Gute Nacht, Kurt.

LENA
Ja. Gute Nacht, Kurt.

KURT
Bis morgen dann.

Er schaut Theo und Lena noch einen Moment lang nach, wie sie Arm in Arm in der Nacht verschwinden.

Kurt kickt einen Stein weg und verschwindet in der Dunkelheit.

43 EXT. – LENAS HAUS – NACHT

Theo und Lena erreichen ein älteres, kleines Schneideratelier im Erdgeschoss eines Altstadthauses.

THEO
Dann schlaf mal gut, Lena.

LENA
Mhm.

Aber Theo lässt sie nicht gehen.

THEO
Alles in Ordnung?

LENA
Lügst du eigentlich oft?

THEO
Ach weißt du, wozu sollen wir den Ärger riskieren?

Er will sie noch zum Abschied küssen, beugt sich zu ihr – aber Lena weicht aus.

Theo schaut sie überrascht und etwas verletzt an. Lena will etwas sagen, weiß aber nicht recht, wie …

LENA
(schnell)
Gute Nacht, Theo.

Dann läuft sie eilig in den Laden.

44 INT. – KLASSENZIMMER – TAG

Die Schüler nehmen gerade ihre Plätze ein, als Lehrer Mosel auftritt.

MOSEL
Freundschaft.

SCHÜLER
Freundschaft … Moin. Tach …

Mosel legt seine Tasche auf das Pult.

MOSEL
Ihr schreibt bitte alle das Kapitel über die gescheiterte Räterepublik ab. Und Lena …*

---

* Auch Rätedemokratie; politisches System, bei der die Herrschaft durch direkt gewählte Räte nach sowjetischem Vorbild ausgeübt wird; hier: Anspielung auf die Räterepublik von 1919, die nach kurzem Bestehen scheiterte.

Lena schaut auf.

MOSEL
Du gehst bitte zum Direktor.

Einen Augenblick herrscht Schweigen. Lena schaut zu Theo, dann zu Kurt. Sie reagiert nicht sofort.

MOSEL
Jetzt, Lena.

45 INT. – REKTORAT – TAG

Lena betritt das Rektorat, wo Direktor Schwarz und FDJ- Sekretär Ringel bereits warten. Mit ihnen am Tisch sitzt eine Frau Anfang dreißig: KREISSCHULRÄTIN KESSLER.

LENA
Freundschaft!

DIREKTOR SCHWARZ
Guten Morgen, Lena. Setz dich doch bitte. Genossin Kessler vom Kreisschulamt hat einige Fragen an dich.

Frau Kessler lächelt sie freundlich an und reicht ihr die Hand.

KESSLER
Es geht um die Schweigeminute, die ihr vor einigen Tagen im Geschichtsunterricht veranstaltet habt. Warum habt ihr geschwiegen?

LENA
Es war, wir dachten …

KESSLER
Wir kennen uns nicht, Lena, entschuldige. Ich sollte dir sagen, dass ein gesunder Oppositionsgeist in unseren Schulen immer erwünscht ist. Ich möchte nur verstehen, weshalb ihr geschwiegen habt.

Frau Kessler lächelt Lena mild und freundlich an. Aber hinter ihrem Rücken sieht Lena, wie Direktor Schwarz auf den Boden starrt.

LENA
(leise)
Weil Puskás gefallen ist.

RINGEL
Ferenc Puskás, der ungarische Nationalspieler?

LENA
Es hieß, dass er beim Ungarnaufstand ums Leben kam. Deshalb waren wir traurig. Er ist doch ein Vorbild.

KESSLER
Du willst also sagen, dass ihr den Lehrer Mosel zum Narren gehalten habt, weil ihr sportbegeistert seid?

LENA
Ja.

Frau Kessler lacht erleichtert auf.

KESSLER
Gut. Das ist ja dann etwas ganz anderes. Schickst du bitte noch Erik kurz zu uns?

46 INT. – KLASSENZIMMER – TAG

Lena kehrt leise in die Klasse zurück.

LENA
Erik, du möchtest bitte zum Direktor kommen.

Sie geht an ihm vorbei. Kurt schaut sie fragend an.

47 INT. – KLASSENZIMMER – SPÄTER

Die Klasse arbeitet still und konzentriert, während Mosel jetzt durch die Reihen wandert. Er nimmt seine Taschenuhr hervor und kontrolliert die Zeit.

Erik kommt zurück.

ERIK
Theo! Du sollst das Klassenbuch mitbringen.

48 INT. – REKTORAT – TAG

Das Klassenbuch wird aufgeschlagen. Eine Tischordnung ist zu erkennen.

KESSLER (O.S.)
Wo sitzt du, Theo?

Theo steht vor Kessler und Ringel am Tisch des Direktors. Schwarz steht an der Seite des Zimmers und betrachtet alles aus der Distanz.

Die Sonne steht tief und blendet Theo, er kann Kessler kaum erkennen, während sie schweigend die Tischordnung im Klassenbuch betrachtet.

KESSLER
Ihr habt also mit eurer Schweigeminute der gefallenen Ungarn gedacht?

THEO
Nur aus Trauer um Puskás, Sie wissen schon, der Major, das Jahrhundertspiel '53, 6:3 gegen England …

KESSLER
Und nicht etwa aus politischen Gründen?

THEO
Nein, nicht politisch. Gar nicht.

KESSLER
Gut. Verstehe. Wer hat denn damit angefangen?

Theo zögert.

THEO
Kam aus der Gruppe. Wurde so rumgeplaudert. Weiß nicht, wer die Idee hatte.

RINGEL
Erik meinte aber, du hättest damit angefangen.

Einen Moment fühlt Theo sich schwach und verraten. Dann fängt er sich wieder.

THEO
Das kann nicht sein.

Stille.

KESSLER
Nun gut. Eine sportbegeisterte Klasse. Es wird dich freuen zu hören, dass Ferenc Puskás nicht tot ist.

Kessler blättert eine Ausgabe »Neues Deutschland« auf: In einem kleinen Artikel wird berichtet, dass Ferenc Puskás lebt.

Theo schaut auf.

THEO
Er lebt?

KESSLER
Ja. Es war nur eine Fehlmeldung des RIAS. West-Propaganda.

Theo nickt etwas verloren.

KESSLER
Nun frage ich mich natürlich: Wo und warum hört ihr den Sender des Feindes?

THEO
Gar nicht. Auch das wurde nur so rumgeflüstert.

KESSLER
Ach so.

49 INT. – VOR DEM REKTORAT – KURZ DARAUF

Theo kommt aus dem Zimmer des Direktors.

THEO
(zu sich)
Na spitze…

Die Pausenglocke ertönt. Aus den Klassenzimmern kommen die unteren Jahrgänge. Theo geht gegen den Strom der Schüler.

50 INT. – KLASSENZIMMER – KURZ DARAUF

Lehrer Mosel ist nicht mehr da, alle Schüler stehen debattierend um Lena und Kurt herum und bemerken nicht, dass Theo eintritt.

THEO
Was hast du ihnen für einen Quatsch erzählt, Erik?

Die Schüler recken die Köpfe.

Erik kommt auf Theo zu. Die anderen Schüler bilden ein Spalier.

ERIK
Was meinst du?

THEO
Ringel hat gesagt, du hättest mich als Anführer benannt.

Alle schauen Erik fragend an.

Erik hält den Blicken Stand.

ERIK
Sie wollen uns gegeneinander ausspielen, ist doch klar.

THEO
Du hast mich also nicht als Rädelsführer benannt?*

ERIK
Nein!

THEO
Sicher?

ERIK
Glaubst du, ich lüge?

THEO
Du oder Ringel!

In diesem Moment schlägt hinter ihnen die Tür zu. Direktor Schwarz tritt auf.

SCHWARZ
Setzt euch bitte.

Die Schüler nehmen ihre Plätze ein.

SCHWARZ
Das ist jetzt ein Problem. Für uns ALLE! Ein sehr großes Problem. Genossin Kessler schreibt einen Bericht. Der Teufel weiß, wohin diese Geschichte noch führt. So ein Blödsinn, Feindsender hören, so kurz vorm Abitur!

Er schüttelt den Kopf.

THEO
Darf ich etwas sagen? Ringel geht nicht sauber mit uns um, Herr Direktor. Er dreht uns das Wort im Mund um!

ERIK
Will der uns gegeneinander ausspielen?

* Anführer einer Gruppe, Anstifter.

SCHWARZ
Ich verbitte mir diese grundlosen Anschuldigungen.

THEO
Grundlos? Sie haben doch gehört, wie er behauptet hat, Erik habe mich verraten.

SCHWARZ
Ja …

ERIK
Und? Habe ich das?

SCHWARZ
Nein, das …

THEO
Das sind Gestapomethoden!*

SCHWARZ
Gestapo? Ist dir überhaupt klar, wie Männer wie Ringel und ich gegen den Faschismus gekämpft haben? Du bist unverschämt, Theo! IHR SEID EIN UNDANKBARES PACK, DAS DIE PRIVILEGIEN EINER OBERSCHULE GAR NICHT VERDIENT HAT.

51 EXT. – SCHULE STALINSTADT / HOF – MORGENGRAUEN

Es regnet beim Fahnenappell, dennoch steht die Schülerschaft geschlossen im Hof. Vor der versammelten Lehrerschaft, flankiert von FDJ-Sekretär Ringel, spricht Direktor Schwarz mit klarer, harter Stimme. Theo steht neben ihm.

* Geheime Staatspolizei (Gestapo): war im nationalsozialistischen Deutschland tätig; sie verfolgte Gegner des Regimes, die grausam verhört oder in »Schutzhaft« genommen wurden.

DIREKTOR SCHWARZ
Die gesamte Abiturklasse erhält heute eine Rüge. Theo Lemke, ich erteile dir hiermit einen Tadel. Du hast dich im Besonderen ungehorsam gezeigt. Der Tadel kommt auch in dein Abschlusszeugnis rein.

Theo senkt den Blick.

52 INT. – REKTORAT – TAG

Theo und seine Eltern sitzen vorm Schreibtisch des Direktors.

SCHWARZ
Noch ein Tadel und Theo macht kein Abitur mehr. Nirgendwo.

HERMANN
Es wird nichts mehr vorfallen, ganz sicher.
(er schaut seinen Sohn an)
Ich hätte allerdings eine Bitte, Genosse. Können wir Theo für einen Tag aus der Schule nehmen?

Irmgard schaut ihren Mann überrascht an.

53 EXT. – STALINSTADT – TAG

Hermann lenkt das Motorrad mit eisiger Mine durch die Stadt. Irmgard auf dem Sozius und Theo im Beiwagen tauschen Blicke.

Hermann hält an einer Kreuzung.

THEO
Warum soll ich morgen nicht in die Schule gehen?

Hermann antwortet nicht. Irmgard zuckt unwissend mit den Schultern.

54 INT. – KURTS ELTERNHAUS – NACHT

Kurt sitzt mit seinen Eltern um den leeren Esstisch. Die Stimmung ist sehr angespannt.

KURT
Es waren doch nur zwei Minuten. Mehr nicht.

Der Vater haut mit der flachen Hand auf den Tisch. Anna zuckt noch mehr zusammen als Kurt.

HANS
Puskás?! Ich kann nur hoffen, dass Kessler euch diesen Unsinn glaubt.

Der Vater steht auf und geht umher.

HANS
Aber ich *weiß, dass du lügst. Ich weiß, wie gerne ihr die Russen los wärt – deshalb hat Theo ja auch eine Nuss nach einem geworfen.*

Kurts überraschter Blick.

HANS
Hier bleibt nichts geheim, Kurt.

Hans reicht seiner Frau eine Ausgabe »Neues Deutschland« und tippt auf einen Artikel.

HANS
Lies vor!

Anna begreift nicht sofort.

HANS
LIES DEN ARTIKEL VOR!

ANNA
Ich habe meine Brille nicht.

HANS

Sie hat ihre Brille nicht. Dann nimm meine!

Er nimmt seine Brille und setzt sie ihr mit grober Geste etwas schief auf. Kurt schmerzt es zu sehen, wie respektlos der Vater mit seiner schwachen Mutter umgeht.

ANNA

In welch fürchterliches Chaos das Wüten konterrevolutionärer Banden Ungarn in der vergangenen Woche gestürzt hatte, schildert der österreichische Journalist Bruno Frei in der »Österreichischen Volksstimme«.

HANS

Ein Österreicher! Wohlgemerkt. Ein Beobachter aus dem Westen. Weiter!

ANNA

Die Stadt hatte in den letzten Tagen zweimal den Herrn gewechselt. Gegenwärtig schützten regierungstreue Truppen die Ordnung. Waffenstillstand war verkündet worden. Die Aufständischen hatten ihr Hauptquartier im ehemaligen Lokal der Pfeilkreuzler aufgeschlagen.*

HANS

Pfeilkreuzler. Die faschistische, antisemitische Partei Ungarns bis '45. Weiter!

ANNA

Im 7. Bezirk haben sie die Bezirksleitung erstürmt und sich dort eingerichtet. 21 Mitarbeiter der kommunistischen Partei, die die Aufständischen beim Sturm auf das Gebäude zunächst gefangen nahmen …

Sie bricht ab.

---

* Angehörige einer ungarischen Bewegung, die mit den deutschen Nationalsozialisten zusammenarbeitete.

HANS
Weiter!

Anna schüttelt mit dem Kopf. Tränen sammeln sich in ihren Augen.

HANS
Lies weiter!

ANNA
... 21 Mitarbeiter der kommunistischen Partei ...

... wurden am helllichten Tage auf dem Vorplatz des Gebäudes gehenkt.

HANS
Zeig ihm das Foto.

Sie legt Kurt den Artikel vor: In einem Baum hängen 21 Männer und Frauen.

HANS
Es herrscht Chaos in Ungarn, und die Russen sind die Einzigen, die uns davor bewahren, dass das Chaos sich überall ausbreitet. Im Westen sitzen die Faschisten bis in Adenauers Regierung. Die Amerikaner schert es einen Dreck, ob ein Herr Globke, der heute das Kanzleramt leitet, im Dritten Reich die Nürnberger Rassengesetze mitzuverantworten hatte. Du denkst, du wärst auf der richtigen Seite, Kurt, solidarisch mit den Freiheitskämpfern, aber du bist in einem Boot mit den Faschisten.*

Hans schaut von Kurt zur Mutter.

---

* 1935 verabschiedete Gesetze zur Umsetzung der nationalsozialistischen Rassenideologie. Sie regelten, wer dem Gesetz nach als Jude galt, legten detailliert die Beziehungen zwischen Juden und Nichtjuden fest mit dem Ziel der »Reinhaltung deutschen Blutes« und begründeten die Diskriminierung und Verfolgung von Juden im Dritten Reich.

HANS
Aber vielleicht bist du deinem Großvater mütterlicherseits ja auch wirklich näher, als ich wahrhaben wollte.

Hans steht auf und verlässt das Zimmer.

Mutter und Sohn bleiben alleine zurück.

ANNA
Du musst vorsichtig sein, Kurt.

KURT
Und du musst dich wehren!

Sie fängt an, den Tisch abzuräumen.

55 EXT. – STAHLWERK / STALINSTADT – TAG

Hermann, Theo und ein TRUPP STAHLARBEITER sitzen auf der offenen Pritsche eines Lastwagens, der sie zum Hochofen transportiert.

56 INT. – STAHLWERK / STALINSTADT – TAG

Theo trägt nun dieselbe lederne Arbeiterkluft wie sein Vater. Seite an Seite halten sie mit langen Schaufeln den Kanal für die glühende Schlacke frei, die beim Stahlkochen abfließen muss.

Es ist eine mörderische Hitze.

Als Vater und Sohn eine kurze Pause einlegen und ihre ledernen »Bullenköpfe« absetzen, kleben ihre Haare nass an den Köpfen.

Theo grinst seinen Vater an.

THEO
Das macht Spaß.

Hermann erwidert das Grinsen nicht. Er setzt seinen Helm auf und schiebt Theo wieder zur glühenden Schlacke.

57 INT. – THEOS WOHNUNG – NACHT

Die Familie Lemke sitzt stumm beim Abendbrot. Theos kleinere Geschwister werfen ihm besorgte Blicke zu, weil er nur mit zitternder Hand seinen Suppenlöffel zum Mund führen kann.

Irmgard gibt Hermann ein stummes Zeichen, dass er endlich etwas sagen soll.

HERMANN
Theo! Du bist der erste Mann in unserer Familie …

THEO
… ich weiß doch, aber …

HERMANN
Unterbrich mich nicht!

THEO
Verzeihung, Vater.

Der Vater holt Luft.

HERMANN
Du bist der erste Mann in unserer Familie, der eine höhere Schule besuchen kann. Der erste! Alle anderen sind in Kriegen gefallen, haben ihr Leben unter Tage verbracht, in Kraftwerken oder wie ich beim Stahlkochen. Aber du bist klug, Theo. Du bist wie Opa Hans, ein Schlauer!

Jakob meldet sich.

IRMGARD
Ja?

JAKOB
Ich bin auch ein Schlauer.

Alle schmunzeln. Hermanns Strenge weicht.

HERMANN
Klar, Jakopfi. Du auch.

Es klopft an der Tür.

58 INT. – THEOS WOHNUNG – NACHT

Theo öffnet das Fenster im Kinderzimmer. Kurt steht auf dem Hof.

KURT
Und? Schlimm?

THEO
Musste im Stahlwerk schuften.

KURT
Wir gehen zu Edgar. Kommste?

THEO
Nee, Mensch. Ich bin alle.

KURT
Mach schon. Lena kommt auch.

THEO
Kurti, Mensch, und selbst wenn da Marion Michael mit nackten Möpsen rumsitzen würde, ich muss ins Bett. Ich bin tot.

KURT
Oder ist es dir egal, was in Ungarn ist?

THEO
Noch ein Tadel, und ich fliege. Bricht meinem Alten das Herz, Kurti. Musste doch verstehen.

Kurt nickt.

RADIOSPRECHER (V.O.)
Hier spricht RIAS Berlin, eine freie Stimme der freien Welt …

59 INT. – EDGARS HAUS – NACHT

Kurt, Lena und Paul sitzen mit Edgar vor dem Radio.

EDGAR
Seid ihr der traurige Rest?

Die Schüler nicken.

EDGAR
Die Revolution kann heute nicht stattfinden. Die Schüler sind zu müde.

RADIOSPRECHER
Seit Ungarns neue Regierung unter Imre Nagy erklärt hat, dass das Land aus dem Warschauer Pakt* austritt, schlagen die Russen mit aller Härte zurück.

LENA
Nein!

RADIOSPRECHER
Eine Panzerdivision hat die Hauptstadt Budapest angegriffen, aber die tapferen Ungarn greifen erneut unerschrocken zu den Waffen und verteidigen ihre neugewonnene Freiheit. Aus dem Rundfunkhaus der Hauptstadt Budapest erreicht uns dieser Hilferuf:

Ein Rauschen ist im Radio zu hören, dann eine andere Stimme.

RADIO
»SOS! Völker der Welt. Marschiert vorwärts und reicht uns die brüderliche Hand. Rettet uns … «

* Gemeinsamer militärischer Pakt sozialistischer Staaten; 1955 von der Sowjetunion initiiert und auch von der DDR unterzeichnet.

PAUL
Die verdammten Russen setzen wieder Panzer ein …

KURT
Wir müssen irgendwas machen!

LENA
Ja, irgendwas Größeres. Es kann doch nicht sein, dass das niemandem was ausmacht außer uns.

PAUL
Vielleicht greifen ja die Amerikaner ein!

EDGAR
Ganz bestimmt nicht.

Edgar schaltet das Radio ab.

Einen Augenblick sitzen alle ratlos da.

Edgar setzt sich an sein Klavier.

EDGAR
Kennt ihr Bartóks Ungarische Volkslieder?

Er fängt an zu spielen. Paul lehnt sich zurück und schließt die Augen. Auch Lena und Kurt hören Edgars schönen, traurigen Liedern zu.

Nach einem Augenblick gibt Kurt Lena ein stummes Zeichen, mit ihm zu kommen.

Verunsichert schaut sie sich um, aber Edgar sitzt mit dem Rücken zu ihnen und Paul scheint eingeschlafen zu sein.

Sie schleichen sich hinaus.

60 EXT. – EDGARS HAUS – KURZ DARAUF

Lena und Kurt gehen stumm vom Haus weg, den dunklen Waldweg entlang.

LENA
Wir können Paul doch nicht einfach bei Edgar lassen.

KURT
Der tut ihm doch nichts.

Sie gehen stumm ein paar Schritte weiter. Lenas Hand tastet nach Kurts. Sie bleiben stehen und schauen sich an. Kurt streicht Lena eine Locke aus dem Gesicht. Lena schaut sich um. Sie sind nicht weit von Edgars Haus weg.

Sie zieht Kurt in den Wald. Auf einer kleinen Lichtung geben sie sich einen vorsichtigen Kuss.

61 INT. – EDGARS HAUS – NACHT

Paul wird wach, als Edgar aufhört zu spielen.

EDGAR
Deine Freunde sind schon gegangen.

PAUL
Uh-oh, Edgar, dann, dann gehe ich jetzt auch mal.

EDGAR
Sicher, Paul. Gute Nacht. Es kommen bessere Zeiten, ganz bestimmt.

62 EXT. – EDGARS HAUS – NACHT

Als Paul vom Haus wegschlendert, entdeckt er plötzlich Kurt und Lena, die nah beieinander auf einem umgefallenen Baumstamm mit dem Rücken zu ihm sitzen und sich küssen, als gäbe es kein Morgen.

Paul schleicht unbemerkt davon.

Lena und Kurt beenden den Kuss.

LENA
Das geht nicht …

KURT
– Ich weiß.

Sie schauen sich kurz in die Augen – dann küssen sie sich wieder und noch leidenschaftlicher als zuvor.

63 INT. – LENAS HAUS – NACHT

Lena betritt den Flur der Ladenwohnung und gibt Kurt in der Tür noch einen Kuss.

KURT
Gute Nacht, Lena.

LENA
Ja, gute Nacht.

Noch ein letzten Kuss …

KURT
Schlaf gut!

LENA
Ja, danke.

… dann drückt sie die Tür zu.

Einen Augenblick lang ist es still. Dann hört Lena das Geräusch einer Nähmaschine und sieht Licht unter einer Tür durchsickern.

64 INT. – LENAS HAUS / WERKSTATT DER GROẞMUTTER – KURZ DARAUF

Lena öffnet die Tür zur Werkstatt, in der ihre BLINDE GROẞMUTTER MARTHA, umgeben von Kartons und stapelweise Tischdecken, hinter einer Nähmaschine arbeitet.

LENA
Hallo, Omi.

MARTHA
Lenchen. Bist spät.

LENA
Entschuldige.

Sie gibt ihrer Großmutter einen Kuss.

LENA
Musst du noch lange machen?

MARTHA
Dreihundert Tischdecken für die Produktionsjenossenschaft. Mach ick aber morgen fertig.

Stille.

MARTHA
Alles in Ordnung?

LENA
Mhm.

MARTHA
War aber nicht Theo, der dich da jebracht hat, wa? War 'ne andere Stimme, oder?

LENA
Ja. Kurt. Sein bester Freund.

MARTHA
Oh.

LENA
Ich habe einen schlimmen Fehler gemacht, glaube ich. Ich habe ihn geküsst.

MARTHA
Ach Süße, da kommen noch so viele Jungens, die man mal küssen möchte. So schlimm kann det nich sein.

LENA
Doch, ist es. Ich bin wie Mama. Egoistisch – und laufe den Männern nach.

MARTHA
So 'n Quatsch! Einem einzigen Mann ist deine Mutter nachgelaufen, nachdem dein Papa gefallen ist.

LENA
Und hat uns dafür sitzenlassen.

Lena fängt an zu weinen. Ihre Großmutter tastet nach ihr und nimmt sie in den Arm.

MARTHA
Nu, nicht weinen, Süße. Du weißt, dass se sich freuen würde, wenn du zu ihr nach Schweden ziehen tätst.

LENA
Niemals. Nie lasse ich dich alleine.

65 EXT. – SCHULE STALINSTADT – MORGENDÄMMERUNG

Eine große, schwarze SIM-Limousine* fährt vor.

66 INT. – REKTORAT – MORGENDÄMMERUNG

Direktor Schwarz schlürft gerade müde seinen Kaffee, als er durch sein Fenster das Auto entdeckt.

Zunächst steigt Frau Kessler aus.

* Luxuriöses, repräsentatives Oberklassen-Auto sowjetischer Herkunft.

SCHWARZ
Was…

Der FAHRER öffnet die Tür im Fonds und ein kräftiger Mann mit Pelzmütze um die 50 steigt aus. Das ist VOLKSBILDUNGSMINISTER LANGE.

DIREKTOR SCHWARZ
(murmelt)
Gott…

Direktor Schwarz verschüttet den Kaffee beim Abstellen und kramt aus einer Schublade einen Schlips heraus, den er sich hektisch umbindet, während er den Raum verlässt.

67 EXT. – SCHULE STALINSTADT / HOF – KURZ DARAUF

Neben dem russischen Auto plaudern Lange und Kessler mit Ringel.

Direktor Schwarz kommt auf die Gruppe zu.

DIREKTOR SCHWARZ
Genosse Volksbildungsminister, welch unerwartete Ehre, Sie hier begrüßen zu dürfen. Darf ich mich vorstellen? Direktor Schwarz.

LANGE
Guten Morgen… Genosse Ringel hat mich informiert.

Er klopft Ringel jovial* auf die Schulter.

LANGE
Und da ich gerade in der Nähe war, dachte ich, schaue ich mal vorbei!

* Gönnerhaft.

DIREKTOR SCHWARZ
Hätten Sie uns doch wissen lassen, dass Sie kommen, es wäre uns eine Freude gewesen, Ihnen einen gebührlichen Empfang zu bereiten.

LANGE
Ja. Von wem? Den Konterrevolutionären?

68 INT. – KLASSENZIMMER – TAG

Die Abiturienten betreten das Klassenzimmer. Theo räumt gerade seine Schulsachen aus dem Tornister, als Paul ihn unsicher anspricht.

PAUL
(leise)
Theo, gestern Abend bei Edgar, da …

THEO
Ja?

Pauls Blick wandert zu Kurt und Lena, die gerade zusammen das Klassenzimmer betreten.

PAUL
Die setzen dir Hörner auf, Theo.

THEO
(lacht)
Du spinnst, Paul.

Als Kurt auf sie zugeschlendert kommt, geht Paul eilig weg, was Theo nun doch irritiert.

KURT
Morgen! Was ist denn mit dem los?

Er wirft seine Schultasche auf den Tisch.

THEO
Er hat behauptet…

Aber weiter kommt Theo nicht, denn Direktor Schwarz betritt mit dem Minister Lange den Raum. Kessler und Ringel folgen ihnen.

SCHWARZ
Freundschaft!

ALLE SCHÜLER
FREUNDSCHAFT!

Automatisch stellen die Schüler sich neben ihren Platz.

DIREKTOR SCHWARZ
Guten Morgen. Wir haben Besuch: Volksbildungsminister Lange persönlich ist heute unser Gast.

Erik steht sofort stramm.

Theo betrachtet den Minister.

THEO
(ungläubig zu sich)
Der Minister?

Lange nimmt die Fellmütze ab.

LANGE
Guten Morgen.

Er knöpft langsam seinen Mantel auf.

LANGE
(zu Schwarz)
Sie können jetzt gehen.

Der Direktor geht unsicher.

LANGE
Ich bemerke erstaunte Blicke. Wer wundert sich über meinen Besuch?

Er schaut in den jungen Gesichtern umher.

LANGE
Niemand? So. Demnach war euch offenbar bewusst, dass der Versuch einer Konterrevolution keine Bagatelle ist. Gut.

Theo schaut zu Kurt und formuliert stumm und kopfschüttelnd das Wort: »*Konterrevolution?*«

Lange schlägt das Klassenbuch auf und schaut auf die Tischordnung.

LANGE
Oder dachtet ihr, dass die Sache mit dem Tadel für den Herrn … Theo am Ende sei?

Er geht auf Theo zu und stellt sich vor ihn.

LANGE
Du hast richtig gehört, Theo. Das hier ist eine Konterrevolution. Und wir finden jetzt heraus, wer die Rädelsführer sind. Was weißt du über die Gestapo?

THEO
Ist das eine rhetorische Frage?

Lange lächelt.

LANGE
Du bist also der Sohn von Hermann Lemke?

Theos Blick.

Paul lehnt sich zu Kurt.

PAUL
Der hat Personalwissen …

Kurt nickt langsam.

Frau Kessler macht einen schnellen Schritt auf Kurt und Paul zu.

KESSLER
RUHE!

Lange geht jetzt durch die Reihen.

LANGE
Ich bin Kommunist. Ich habe den Klassenfeind kennengelernt. Ich bin ihm im Kampf begegnet. Ich werde nicht zuschauen, wie der Klassenfeind den Sozialismus zu unterlaufen versucht.*

Jetzt ist Lange bei Paul angekommen.

LANGE
Oder einfacher: Wer gegen den Sozialismus ist, dem haue ich in die Fresse.

Er lächelt in die Klasse.

LANGE
(zu Paul)
Was möchtest du für einen Beruf ergreifen?

PAUL
Ich möchte Filmregisseur werden.

LANGE
Sooo.
(lacht)
Ein Künstler.

Paul schüttelt den Kopf.

PAUL
Nein, Herr Volksbildungsminister. Sportfilme.

Lange geht lachend weiter.

* Nach der Theorie von Karl Marx stehen sich zwei Klassen im Klassenkampf gegenüber; auf der einen Seite stehen die Arbeiter, auf der anderen die Kapitalisten (Kapitalismus: siehe historischer Überblick); der Begriff wurde in der DDR für Gegner des Sozialismus benutzt.

LANGE

Natürlich. Das ist die sportbegeistertste Klasse unserer Republik.

Blitzschnell beugt er sich dicht vor Klaras Gesicht und packt ihr kleines goldenes Kruzifix, das sie um den Hals trägt.

LANGE

*Und du glaubst also an den lieben Gott?**

Totenstille.

LANGE

Glaubst du an Gott?

Klara muss mit den Tränen kämpfen.

KLARA

Ja.

LANGE

Und glaubst du auch an Marias jungfräuliche Geburt?

Klara schluckt.

LANGE

Glaubst du, dass Maria ihr Kind jungfräulich empfangen hat?

KLARA

Ja.

Er lässt sie los.

LANGE

Und wie steht es mit deinem Glauben an die Freiheit der Arbeiterklasse?

Klara zittert.

---

* Nach sozialistischer Ideologie ist Religion ein Mittel der herrschenden Schicht, um die unterdrückten Arbeiter gefügig zu halten (»Opium des Volkes«), und daher abzulehnen.

REGINA
Lassen Sie meine Schwester in Ruhe!

KESSLER
RUHE!

REGINA
Sie haben kein Recht, uns so anzuschreien!

Lange kommt langsam auf sie zu.

LANGE
Die Zweitgeborenen fühlen sich immer so sicher. Ihr seid die Töchter des Tierarztes Winkler, richtig? Tierärzte sind die schlimmsten, die haben den Bauern schon immer das letzte Hemd ausgezogen und sich fett gefressen …

THEO
Fett wie ein Minister!

Kessler schnellt herum, auch Lange schaut sich blitzschnell um, aber sie haben nicht gesehen, woher der Zwischenruf kam.

KESSLER
Wer war das? Wer hat das gesagt?

Der Minister winkt großzügig ab. Langsam geht er wieder nach vorne und stellt sich vor die Klasse.

LANGE
Es besteht kein Zweifel daran, dass man eure Sympathiebekundung für die Ungarn als Konterrevolution werten muss.

Lange schaut sich unter den Schülern um.

LANGE
Ich verlange binnen einer Woche die Namen der Rädelsführer, ansonsten wird die ganze Klasse vom Abitur in der gesamten Republik ausgeschlossen.

Lange flüstert Kessler etwas zu, woraufhin sie auf Erik deutet. Lange schaut den strammstehenden Erik an und nickt.

LANGE
Genossin Kessler wird im Laufe der Woche weitere Befragungen durchführen. Wenn ihr euer Schweigen nicht brecht, schließt sie in einer Woche diese Klasse. Ihr könnt jetzt gehen und euch Gedanken machen, wie das hier zu Ende gehen soll.

Die Schüler nehmen ihre Sachen und verlassen das Klassenzimmer.

LANGE
Erik Babinsky, du bleibst bitte noch hier.

Erik bleibt überrascht stehen.

Kurt und Theo wundern sich, gehen aber mit den anderen Schülern ab.

LANGE
Setzt dich, Erik.

Erik nickt devot* und setzt sich. Er ist jetzt allein mit Lange, Ringel und Kessler.

Lange bekommt von Kessler einen Zettel gereicht und setzt sich zu Erik.

LANGE
Ich habe hier einen Bericht der ersten Untersuchung, die Genossin Kessler in dieser Sache durchgeführt hat. Demnach bist du offensichtlich der Rädelsführer.

ERIK
Ich?

---

* Unterwürfig.

LANGE
Ja. Du hast der Sache den Namen gegeben. Du hast gesagt, ich zitiere: »Es ist ein Zeichen des Protests.« Oder etwa nicht?

ERIK
Doch, das habe ich aber gesagt, um Lehrer Mosel die Situation zu erklären. Ich habe ja gerade nicht mitgemacht.

Lange macht ein skeptisches Gesicht.

LANGE
Dann bist du also gar nicht der Anführer?

ERIK
Nein! Ich bin auf gar keinen Fall... Wissen Sie nicht, wer mein Vater war? Franz Babinsky.

Lange denkt nach, dann scheint ihm etwas einzufallen.

LANGE
Der Rotfrontkämpfer?

ERIK
Ja, genau.

LANGE
War im KZ, oder?*

ERIK
Sommer '41 haben sie ihn verhaftet. Er ist für den Sozialismus gestorben. Niemals würde ich mich an einer Konterrevolution beteiligen.

Lange nickt.

---

* Konzentrationslager: Im nationalsozialistischen Deutschland zur massenhaften Internierung von dem Regime missliebigen Personengruppen genutzte Arbeitslager; einige KZs dienten ab 1941 der systematischen Vernichtung europäischer Juden.

LANGE
(zu Kessler)
Das ist sehr missverständlich gewesen in Ihrem Bericht, Genossin. Sehr missverständlich.

KESSLER
Entschuldigung, Herr Minister.

LANGE
– Allerdings: Wenn du gar nicht mitgemacht hast, dann wüsste ich gerne, warum du bei der ersten Befragung durch Frau Kessler gesagt hast, dass auch du wegen Puskás geschwiegen hast? Und dann wüsste ich auch gerne, wieso du als überzeugter Sozialist den RIAS hörst.

ERIK
Ich … Aber, ich …

LANGE
Ich muss jetzt aufbrechen. Wir machen es anders. Du kriegst jetzt die Gelegenheit, mir zu zeigen, dass du deinem Vater Ehre machst, und sagst mir erst mal, wo ihr überhaupt RIAS gehört habt!

ERIK
Ich war da nie, aber die anderen gehen zu einem ganz alten Schwulen namens Edgar!

69 EXT. – SCHULHOF – TAG

Die Abiturienten stehen im eisigen Wind auf dem Schulhof beisammen.

Theo sieht Erik aus dem Schulgebäude kommen.

THEO
Du, Erik!

Erik kommt zu seiner Klasse.

THEO
Was hat der denn noch gewollt …
(kichert)
… der dicke Minister?

Erik schaut Theo ernst an. Auch den anderen Schülern ist nicht zum Lachen zumute.

ERIK
Du hältst das alles immer noch für einen Spaß, oder?

THEO
(grinst)
Nee, für 'ne Konterrevolution.

KURT
(zu Erik)
Hast du uns verraten?

ERIK
Nein, Kurt. Habe ich nicht. Du kannst dich weiter hinter der Klasse verstecken …

KURT
Wie?

ERIK
– Aber irgendeiner wird dich in der nächsten Woche verraten. Sonst fliegen wir alle von der Schule!

Stille.

THEO
Ach, Blödsinn …

KURT
Nein. Er hat Recht.

Alle schauen Kurt an.

KURT

Die Schweigeminute war meine Idee. Ich habe euch reingeritten, und ich werde mich freiwillig melden.

LENA

Nein!

EIN SCHÜLER (RÜDIGER)

Doch, finde ich gut, Kurt.

THEO

Mensch, Rüdiger, halt bloß dein Maul! Du hast doch auch für die Schweigeminute gestimmt.

LENA

Wenn du dich stellst, dann werfen sie dich aus der Schule.

Sie stellt sich neben Kurt.

PAUL

Ist ja süß. Siehste, Theo? Wie ich's dir gesagt hab.

THEO

Schnauze, Paul.

PAUL

Aber Theo, die setzen dir Hörner auf…

Theo packt Paul am Kragen.

THEO

Du sollst die Fresse halten, Mensch!

Er lässt ihn los. Kurt, Lena und Theo tauschen Blicke.

THEO

Ist ja schön und gut, wenn du den Kopf hinhalten willst, aber es wird nicht funktionieren. Die nächste Frage ist dann: Wer war beim Radiohören dabei? Wo haben wir Radio gehört?

(Pause)
Die lassen dich doch nicht einfach so gehen, Mensch. Die wollen es ganz genau wissen. Wir halten alle zusammen, dann können sie uns nichts. Die schmeißen niemals eine ganze Klasse raus, wie sieht denn das aus?

Alle denken über Theos Rede nach. Dann schüttelt Kurt den Kopf.

KURT
Ich will die Wahrheit sagen!

THEO
Mensch, gehst du mir auf den Zeiger mit deiner Wahrheit.

Er schaut in die Augen seiner Mitschüler.

THEO
Alle bleiben bei unserer Notlüge, sonst gibt's Bambule.

Theo nimmt seinen Tornister und geht. Kurt geht ihm nach.

KURT
Theo, warte mal.

THEO
Nee, Kurt. Lass mich doch.

KURT
Ich weiß nicht, was Paul dir erzählt hat, aber …

THEO
Aber?

Kurt kann Theos Blick nicht ertragen und schaut zu Boden.

Theo sieht, wie die anderen Schüler in einiger Entfernung auseinandergehen. Lena schaut mit ruhigem, ernstem Blick zu den beiden herüber.

THEO
Kannst sie ruhig haben, Kurti. Ich hab ja schon mal mit 'ner anderen.

Dann geht Theo.

70 EXT. – EDGARS HAUS – TAG

Kessler und zwei STASIMÄNNER* klopfen an Edgars Tür. Er öffnet im Morgenmantel und weiß sofort, was dieser Besuch zu bedeuten hat.

71 INT. – EDGARS HAUS – TAG

Die Männer durchsuchen Edgars Haus.

72 EXT. – EDGARS HAUS – TAG

Während Kessler und einer der Stasimänner Edgar in den Wartburg** setzen, lädt der andere Beamte das Radio in den Kofferraum.

In einiger Entfernung stolpert Paul rückwärts in den Schatten des Waldrandes.

73 EXT. – ODER – ABENDDÄMMERUNG

Ein Sturm fegt über den Fluss und den angrenzenden Wald hinweg.

74 INT. – THEOS WOHNUNG – NACHT

Theo und seine Eltern sitzen stumm am Esstisch. Hermann ist noch ungeduscht und rußgeschwärzt in seiner Arbeitskleidung.

---

* Siehe Überblick zum historischen Kontext.
** DDR-Automobilmarke.

HERMANN
Der Minister persönlich, ja?

Theo nickt. Hermann presst seinen großen Schädel mit beiden Händen zusammen.

IRMGARD
Er wird diese Sache vollkommen unabhängig bewerten.

HERMANN
Unabhängig? Unabhängig! Glaubst du ja selbst nicht.

THEO
Wieso kennt der Minister deinen Namen, Papa?

Hermann schüttelt den Kopf.

HERMANN
Auf wessen Mist is'n die Idee mit der Schweigeminute gewachsen?

THEO
Ich werd hier niemanden verraten.

HERMANN
BLÖDSINN! WER HAT DEN KRAM ANGEZETTELT?

THEO
Kurt hatte die Idee, aber wir haben abgestimmt.
Die meisten waren dafür.

HERMANN
Wenn Kurt die Idee hatte, dann muss er sich dafür verantworten. Du wartest bis zum letzten Augenblick. Und wenn es sonst keiner tut, benennst du Kurt!

THEO
Ich soll ihn verraten?

Damit steht Hermann auf. Theo und seine Mutter tauschen Blicke.

THEO
(leise)
Kennt Vater den Minister? Woher denn?

IRMGARD
Geh' jetzt in dein Zimmer.

75 INT. – THEOS ZIMMER – NACHT

Theo kommt ins Kinderzimmer, wo Karl und Jakob mucksmäuschenstill sitzen.

THEO
Dicke Luft. Tut mir Leid.

KARL
Was ist denn eine Schweigeminute?

JAKOB
Und warum kriegt man da so viel Ärger?

THEO
Gute Frage. Nächste Frage?

Es klopft am Fenster. Theo sieht Lena im eisigen Wind stehen. Er öffnet ihr.

LENA
Können wir reden?

THEO
Natürlich. Was gibt's?

Theos Geschwister schauen interessiert zu.

LENA
Kommst du kurz raus?

THEO
Nee. Aber hier, ich habe noch was von dir.

Er holt das gepresste Kleeblatt aus dem Lyrikband hervor.

THEO
Bitteschön. Du musst dich nicht zu doll freuen, das ist eine Fälschung. Habe ich zusammengeklebt, um dich zu beeindrucken. Stimmt's, Karl?

Der kleine Bruder sagt nichts.

Lenas Augen füllen sich mit Tränen.

THEO
Aber ein echtes, vierblättriges Kleeblatt ist ja auch wirklich was sehr Seltenes.

Er macht das Fenster vor ihrer Nase zu – aber Lena hält es noch kurz auf.

LENA
Es tut mir Leid, wenn ich dich enttäuscht habe, aber ... ich kann niemanden mögen, der sich immerzu rausredet.

Das macht selbst Theo kurz sprachlos. Ihm fällt nichts anderes ein, als das Fenster vor ihrer Nase zu schließen.

Lena verschwindet in der Dunkelheit.

Theo schwingt sich in sein Bett. Die Geschwister schauen ihn mit großen Augen an.

76 INT. – KIRCHE – TAG

Die protestantische Gemeinde ist zur sonntäglichen Messe versammelt, Pfarrer Melzer betritt gerade die Kanzel zur Predigt.

PFARRER MELZER
Solidarität ist die Grundlage unserer sozialen Ordnung. Wir wollen solidarisch sein. Uns zu den Bedürftigen stellen und sagen: Du bist nicht allein. Wir lassen dich nicht im

Stich. Als Menschen, die von Jesus lernen, können wir gar nicht anders. Die Erfahrung der Liebe Gottes drängt uns dazu.

Erik, der neben seiner Mutter Christa und seinen Halbgeschwistern gelangweilt auf der Kirchenbank vor sich hinlümmelt, holt einen Popel aus der Nase und zeigt ihn Klara und Regina, die in einiger Entfernung sitzen.

ERIK
(flüstert)
Der Leib Christi.

Dann isst er seinen Popel. Klara und Regina verziehen angewidert das Gesicht.

PFARRER MELZER
Oft frage ich mich: Bist du solidarisch? Mit wem und wofür oder wogegen? Stellst du dich zu denen, die dich brauchen? Gewährst du ihnen Beistand, weil sie allein nicht zurechtkommen, deine Solidarität, weil sie zu wenige sind? Lässt du vielleicht die im Stich, zu denen du stehen müsstest? Liebe Gemeinde, wir haben die Zeiten erlebt, in denen wir gezwungen waren, unsere Freunde und Verwandten zu verraten – zu denunzieren, weil die Mächtigen dies forderten. Unsere Gesellschaft hat solches Unrecht überwunden, glauben wir …*

In diesem Moment wird die Predigt des Pfarrers unterbrochen, weil Paul in Kirche kommt und mit wildem Blick durch das Mittelschiff stürmt, bis er Erik entdeckt.

PAUL
DU MIESE DRECKSAU!

Er springt Erik an und reißt ihn zu Boden, wo er ihm schnell zwei, drei harte Schläge mit der Faust ins Gesicht verpasst.

---

* (Bei Behörden) verraten oder anzeigen.

PAUL
DU HAST IHN VERRATEN, DU SCHWEIN! SIE HABEN IHN ABGEHOLT, SIE HABEN EDGAR ABGEHOLT!

MÄNNER DER GEMEINDE packen Paul und zerren ihn von Erik weg.

77 INT. – ERIKS ZIMMER – TAG

Erik liegt mit geschwollenem Auge auf seinem Bett und betrachtet das alte Foto seines Vaters in der Uniform unter dem Symbol des Rotfrontkämpferbundes, als Pfarrer Melzer im Talar und Bäffchen* mit Eriks Mutter Christa hereinkommt.

PFARRER MELZER
Wir müssen reden, Erik.

Erik bleibt desinteressiert liegen.

CHRISTA
Setz dich bitte aufrecht hin, wenn dein Vater mit dir redet.

Erik bleibt liegen.

ERIK
Mein Vater?

PFARRER MELZER
Stimmt es, dass du ausgesagt hast, Edgar habe der Klasse sein Radio zur Verfügung gestellt?

ERIK
Was weiß ich, warum sie den warmen Bruder verhaftet haben.

Der Pfarrer und seine Frau tauschen Blicke.

---

* Schwarzes Amtsgewand mit zwei weißen Stoffstücken am Kragen.

PFARRER MELZER
Wenn du etwas damit zu tun hast, dann musst du deine Aussage wiederrufen. Homosexuellen Männern ergeht es schlecht in unseren Gefängnissen. Sehr, sehr schlecht.

CHRISTA
Bitte, Erik, sag mir, dass du nichts mit dieser Sache zu tun hast. Dein Vater hat wirklich Recht …

ERIK
DAS IST NICHT MEIN VATER! DAS WAR MEIN VATER, UND DU WARST NUR ZU SCHWACH, UM IHM TREU ZU SEIN!

78 INT. – LENAS HAUS – NACHT

Lenas Großmutter zieht sich gerade den Mantel an, um das Haus zu verlassen, als Lena dazukommt.

LENA
Ich bringe dich …

MARTHA
Wat? Nee, lass ma. Ick hab die Kneipe jefunden, als du noch nich hier warst, und wenn du eines Tages wech bist, muss ick sie ja och wieder finden.

LENA
Na gut. Aber ich bleibe auf und warte. Bin gespannt, was bei dem Treffen herauskommt.

MARTHA
Nüscht wird so heiß jegessen, wie es jekocht wird.

Damit tastet Martha sich zum Ausgang.

79 INT. – GASTHAUS – NACHT

Im Gasthaus ist die Luft zum Schneiden, der Lärm ohrenbetäubend.

Die ELTERN der Abiturienten sitzen zusammen und diskutieren wild über die Lage. Man versteht kein Wort, weil die Gemüter so aufgebracht sind.

Martha wendet sich an den Pfarrer Melzer.

MARTHA
Wat sind se alle uffjerecht.

PFARRER MELZER
Der Vorsitzende des Rats der Stadt meldet sich noch einmal zu Wort…

MARTHA
Na, die Knalltüte…

Kurts Vater Hans steht am Kopfende des Tisches auf und wedelt mit einem Zettel.

HANS
DARF ICH NOCH EINMAL UM RUHE BITTEN!

Es kehrt etwas Ruhe ein.

HANS
Es macht doch überhaupt keinen Sinn, dass wir jetzt an jedem Detail des Briefes an den Minister herumdiskutieren! Viel wichtiger ist doch, dass wir schnell eine Stellungnahme abschicken, um unsere Kinder zu schützen!

Das sehen einige Eltern ganz anders und fangen sofort an zu widersprechen. Erneut brandet der Lärm auf.

Theos Eltern Hermann und Irmgard sind ebenfalls anwesend. Hermanns distanzierte Skepsis in dieser Diskussion beunruhigt Irmgard…

80 EXT. – VOLKSBILDUNGSMINISTERIUM / BERLIN – TAG

Hermann hält auf einem Motorrad vor dem Volksbildungsministerium.

81 INT. – VOLKSBILDUNGSMINISTERIUM – TAG

Hermann versucht sich auf den langen Fluren des Ministeriums zu orientieren.

82 INT. – VORZIMMER DES MINISTERS – TAG

Hermann wartet alleine im Vorzimmer des Ministers. Eine SEKRETÄRIN kommt durch eine große Flügeltür herein.

SEKRETÄRIN
Herr Lemke? Bitte.

Hermann betritt das Zimmer des Ministers.

83 INT. – ZIMMER DES MINISTERS – TAG

Ein großzügiges, helles Büro. Als Hermann auftritt, erhebt Minister Lange sich höflich hinter seinem Schreibtisch.

LANGE
Genosse Lemke.

HERMANN
Genosse Minister, vielen Dank, dass Sie sich die Zeit nehmen.

LANGE
Setzen Sie sich doch. Was kann ich für Sie tun?

HERMANN
Es geht um die Schüler in Stalinstadt …

LANGE
Jaja. Theo ist Ihr Sohn, ich bin im Bilde.

HERMANN
Sicher, ja. Es ist so, dass das Ganze einfach ein dummer Jungenstreich war. Theo ist ein guter Schüler, und er ist gewiss kein Konterrevolutionär. Er ist ein überzeugter Sozialist. Nur Fußball… Fußball bedeutet diesen Jungs so viel, es ist…

LANGE
(unterbricht ihn)
Dafür sind Sie hergekommen?

Lange steht auf.

LANGE
Um mir diese Plattitüden zu erzählen?*

Er zieht seinen Rollkragen herunter.

LANGE
Sehen Sie das hier?

Rund um den Hals ist eine wulstig verheilte Narbe zu sehen.

LANGE
*Da haben ein paar SA-Männer** versucht, mich an einem Draht aufzuhängen.*

Er lässt den Vater noch einen Augenblick seine Narbe anschauen.

LANGE
Sie verstehen vielleicht, dass Fußball mir vollkommen egal ist.

Er wendet sich von Hermann ab.

---

* Belanglose Aussagen.
** Mitglied der Sturmabteilung (SA; Kampforganisation der Nationalsozialisten).

LANGE
Ich will die Anführer und werde sie vom Abitur ausschließen. Ich weiß nur noch nicht, ob Ihr Sohn auch dazu gehört.

HERMANN
Bestimmt nicht, das können …

LANGE
Würden Sie sagen, dass Theo im Charakter nach Ihnen kommt?

Die Augen des Ministers funkeln böse.

LANGE
Das muss ein Vater doch wissen. Ist Ihr Sohn Ihnen ähnlich, oder nicht?

Hermann senkt den Blick.

LANGE
Ich meine, man kann Gemeinsamkeiten und *Unterschiede erkennen. Er ist offensichtlich intellektueller als sein Vater, aber er ist ebenso … unzufrieden.*

Hermann will widersprechen.

LANGE
Wir haben nicht vergessen, dass Sie '53 beim Aufstand dabei waren.

HERMANN
Aber ich habe mich gefügt!

LANGE

Nun, dann hoffen wir, dass Ihr Sohn Ihrem Vorbild folgt!

84 INT. – SCHULE STALINSTADT / GANG VOR DEM KLASSENZIMMER – TAG

Die gesamte Klasse sitzt stumm auf Bänken vor dem Klassenzimmer, bewacht von FDJ-Sekretär Ringel.

Kurt kommt als Letzter die Treppe hoch.

Er entdeckt Lena, die ihm zunickt und dann seinen Blick auf den weit von ihr entfernten Theo lenkt. Ihr Kopfschütteln soll sagen, dass er nicht mit ihr spricht.

Kurt will zu seinem Freund gehen, aber Ringel weist ihm einen anderen Platz an.

RINGEL
Setzen!

Kessler kommt mit Klara aus dem Klassenzimmer.

KESSLER
THEO LEMKE!

Theo tritt ein.

Regina will mit ihrer Schwester reden, aber Ringel verbietet das.

85 INT. – KLASSENZIMMER – TAG

Kessler vernimmt Theo.

KESSLER
Wer hat dir von der Schweigeminute erzählt?

THEO
Ich weiß nicht. Es wurde durch die …

KESSLER
… Reihen geflüstert. Jaja. Dein Vater war am Aufstand ’53 beteiligt?

Theos Blick.

KESSLER
Ach, das wusstest du nicht?

Pause.

KESSLER
Man gab ihm dennoch die Möglichkeit, hier in Stalinstadt von vorne anzufangen. Eine sichere Lebensgrundlage für eure ganze Familie, auch für deine Geschwister. Die sind ja noch sehr jung. So etwas sollte man nicht riskieren.

THEO
Nein.

KESSLER
Wer waren die Rädelsführer?

THEO
Es wurde durch die Reihen geflüstert.

86 INT. – GANG VOR DEM KLASSENZIMMER – TAG

Theo kommt heraus und tauscht Blicke mit Lena.

KESSLER
LENA!

87 INT. – KLASSENZIMMER – KURZ DARAUF

Kessler schließt die Tür hinter Lena.

KESSLER
Deine Mutter lebt in Schweden, richtig?

LENA
Ja.

KESSLER

Mhm. Und deine Großmutter arbeitet für die Produktionsgenossenschaft, ist blind und alleinstehend.

LENA

Jawohl, Genossin Kessler.

KESSLER

Wenn sie ihre Arbeit behalten soll, sagst du mir jetzt, wer die Konterrevolution anführt, Lena!

LENA

Niemand. Es wurde durch die Reihen geflüstert, Genossin Kessler.

88 INT. – KLASSENZIMMER – TAG

Lena geht, Erik tritt ein.

Kessler deutet ihm an, sich zu ihr zu setzen.

KESSLER

Erik, ich habe mir jetzt die ganzen Lügen deiner Klassenkameraden angehört. Wer ist der Rädelsführer?

ERIK

Es war eine Mehrheitsentscheidung.

Kessler winkt ab.

KESSLER

Es ist ganz einfach, Erik. Ich brauche einen Namen. Wer ist es?

ERIK

Es ist nicht von einem ausgegangen, sondern …

Kessler öffnet eine alte Akte.

KESSLER
Ich bin müde, Erik. Wir machen das jetzt kurz. Das hier ist eine Akte über deinen Vater Franz. Ich befürchte, deine Mutter hat dir nicht die ganze Geschichte über ihn erzählt, was ich gut verstehen kann. Sie hat dich einfach angelogen. Er war ein Rotfrontkämpfer, das stimmt, und deshalb kam er auch ins KZ Sachsenhausen. Aber er war wohl nicht sehr stark, da kollaborierte er lieber mit den Nationalsozialisten und verriet andere Kommunisten. Als die Sowjetarmee kam, haben sie ihn gehängt.*

Sie legt Erik ein Foto seines Vaters vor: Er hängt am Galgen, ein Schild um den Hals, auf dem steht »Verräter«. Russische Soldaten und einige Zivilisten posieren um seinen Leichnam herum.

Erik kann nicht glauben, was er da sieht.

ERIK
Das …

KESSLER
Du hast eine einfache Wahl: Entweder du sagst mir jetzt, wer die Idee hatte, oder wir veröffentlichen diese Geschichte über deinen Vater nächste Woche in der Zeitung.

ERIK
NEIN …

Er schaut auf das Foto seines hingerichteten Vaters.

ERIK
Es war Kurt. Er hatte die Idee.

KESSLER
Kurt. Bist du sicher? Du belastest den Sohn des Stadtratsvorsitzenden.

---

* (Mit dem Feind oder Gegner) zusammenarbeiten.

Erik nickt und versucht die Tränen zurückzuhalten, aber es gelingt ihm nicht.

KESSLER
Du wirst das vor der ganzen Klasse wiederholen, wenn das Ultimatum* abläuft, Erik. Du kannst jetzt gehen.

Erik legt das Bild seines Vaters auf den Tisch.

KESSLER
Das Foto kannst du ruhig mitnehmen. Es wird dich daran erinnern, dass* du *das Richtige getan hast.

89 INT. – SCHIEẞSTAND – TAG

Erik betritt den Schießstand, wo Theo, Kurt, Paul und die anderen Jungs bereits unter Wardetzkis Anleitung ihre Karabiner auf die Pappscheiben abfeuern.

WARDETZKI
ZU SPÄT, HERR GENOSSE BABINSKY! WIEDER MAL ZU SPÄT!

Erik geht auf Kurt zu.

ERIK
Kurt, ich…

WARDETZKI
UND JETZT AUCH NOCH PLAUDERN, ODER WAS? AN DEINEN GEFECHTSSTAND, ERIK!

ERIK
*JAWOLL, HERR UNTERSTURMBANNFÜHRER**!*

WARDETZKI
WAS FÄLLT DIR EIN!

---

* Eine gesetzte Frist.
** Dienstgrad der Schutzstaffel (SS).

Erik nimmt seinen Karabiner, lädt durch und zielt auf Wardetzki.

Für einen Augenblick steht die Zeit still. Wardetzki sieht in Eriks irrem Blick, dass er wirklich in Lebensgefahr schwebt. Alle Schüler blicken gebannt auf Erik, der weiterhin auf Wardetzki zielt.

Sein Finger krümmt sich um den Abzugshahn.

WARDETZKI
Leg die Waffe runter, Junge!

ERIK
DU VERFLUCHTER DRECKSNAZI!

Theo stellt sich neben Erik.

THEO
Leg die Waffe hin, Erik. Der ist es nicht wert. Der nicht.

Erik ist völlig verwirrt und überfordert mit der Situation. Schließlich lässt er die Waffe sinken …

WARDETZKI
Das wirst du bereuen, Erik!

Erik nimmt den Karabiner wieder hoch und schießt auf Wardetzki. Er trifft ihn an der Schulter. Der Mann geht schreiend zu Boden.

Während ihm Schüler zu Hilfe eilen, läuft Erik mit dem Gewehr davon.

KURT
Wo will der denn mit dem Gewehr hin?

90 EXT. – STALINSTADT – TAG

Erik rennt mit dem Gewehr durch die Stadt.

Theo, Paul und Kurt folgen ihm.

THEO
EEERIK! BLEIB STEHEN!

Aber Erik läuft noch schneller.

91 EXT. – KIRCHE – TAG

Erik rennt in die Kirche …

92 INT. – KIRCHE – KURZ DARAUF

… wo seine Mutter mit Eriks kleinen Geschwistern den Weihnachtsbaum am Altar schmückt, während Pfarrer Melzer an der Orgel übt.

Erik zielt mit dem Gewehr auf Christas Kopf.

ERIK
WIE IST MEIN VATER GESTORBEN?

Die Kinder schreien panisch auf, Eriks Mutter macht schnell ein paar Schritte vom Tisch weg.

Pfarrer Melzer ruft vom Rang herab.

PFARRER MELZER
Erik! LEG DAS GEWEHR WEG!

ERIK
DU HÄLTST DICH RAUS!

CHRISTA
Erik, was … ?

ERIK
Wie ist mein Vater gestorben?

CHRISTA
Ich weiß nicht, wovon du redest!

Erik feuert einmal in die Wand neben seiner Mutter und lädt nach.

In diesem Augenblick kommen Theo, Kurt und Paul in die Kirche gestürmt.

THEO
Erik, leg das Gewehr weg!

ERIK
HAUT AB! VERSCHWINDET!

Eine Polizeisirene ist in der Ferne zu hören.

THEO
Die Polente* kommt, Mensch. Leg den Karabiner weg, die schießen dich tot.

Erik kramt das Foto seines erhängten Vaters aus der Tasche und hält es der Mutter hin.

ERIK
Hast du mich angelogen, Mama? Hat Vater kollaboriert?

CHRISTA
Ich weiß nicht… Was ist das?

Die Polizeisirene kommt näher, geht aus, Türen schlagen.

EIN SCHÜLER (O.S.)
Da drinnen. In der Kirche isser! Mit dem Karabiner!

POLIZEI (O.S.)
Hier spricht die Polizei! Komm mit erhobenen Händen da raus, Junge!

PFARRER MELZER
Christa, sag ihm endlich die Wahrheit!

---

* Umgangssprachlich: Polizei.

Christa zögert – und nickt.

CHRISTA
Es ist wahr, Erik. Er hat … Franz war sehr schwach …

Erik lässt das Gewehr sinken.

ERIK
Kurt, ich habe dich verraten. Sie wollten alles über meinen Vater in der Zeitung schreiben. Über meinen – und über deinen.

Er reicht Kurt das Foto, das dieser mit Unverständnis betrachtet. Er sieht den gehängten Franz Babinsky, einige KZ-Insassen, die russischen Soldaten und daneben seinen Vater Hans.

93 EXT. – KIRCHE – TAG

Unter den neugierigen Augen der NACHBARN und PASSANTEN führen zwei VOLKSPOLIZISTEN* Erik in Handschellen ab. Wardetzki mit blutüberströmter Schulter ist auch in der Nähe und berichtet den Gaffern von Eriks Tat, während Pfarrer Melzer Christa zu trösten versucht.

94 INT. – KURTS ELTERNHAUS – NACHT

Kurt sitzt auf seinem Bett und betrachtet das Foto von Eriks hingerichtetem Vater. Als Hans eintritt, versteckt Kurt das Bild schnell.

HANS
Komm!

Kurt schiebt das Foto unbemerkt in seine Hosentasche.

---

* Polizisten in der DDR.

95 INT. – KURTS ELTERNHAUS / ESSZIMMER – NACHT

Als Hans Kurt ins Esszimmer führt, sitzt bereits Frau Kessler am Tisch. Kurts Mutter Anna serviert gerade Kaffee.

HANS
Setz dich bitte, Kurt.

Kurt bleibt stehen.

KESSLER
Wir möchten über Eriks Aussage mit dir sprechen.

Kurts Mutter schleicht aus dem Raum.

Sein Vater drückt ihn in den Stuhl.

KESSLER
Erik hat behauptet, dass du die Idee für die Schweigeminute hattest.
Aktenkundig ist bis heute allerdings nur eins: Erik gab der Sache den Namen. Er nannte es ein Zeichen des Protests. Ich möchte Rücksicht auf das politische Amt deines Vaters nehmen. Daher werde ich dich morgen als Ersten in der Klasse aufrufen, und du wirst dann aussagen, dass Erik der Rädelsführer dieser Konterrevolution war.

KURT
Die Klasse wird das nicht mitmachen.

KESSLER
Die Klasse werde ich nicht mehr befragen. Mit deiner Aussage beende ich die Untersuchung. Wie gesagt, aus Rücksichtnahme auf deine Familie bekommst du diese Gelegenheit. Auf Erik wartet ohnehin eine Jugendstrafe.

Kessler will einen Schluck Kaffee trinken, aber ihre Hand zittert zu stark. Als sie sieht, dass Kurt es bemerkt hat, steht sie schnell auf.

KESSLER
Guten Abend.

Sie verlässt den Raum, gefolgt von Hans, der sie zur Haustür begleitet.

Kurt sitzt immer noch wie benommen am Tisch. Seine Mutter kommt zurück.

ANNA
Soll ich dir einen Baldriantee machen? Der beruhigt dich.

KURT
Ich muss dich etwas fragen. Setz dich bitte.

Anna setzt sich zu ihm und nimmt seine Hände.

ANNA
Ich weiß, es ist …

KURT
Wie wichtig ist die Wahrheit?

Hans tritt wieder auf.

HANS
Die Wahrheit, die Wahrheit.

KURT
Ich habe Mutter gefragt.

Anna weiß nicht, was sie antworten soll.

KURT
Wie wichtig ist für dich die Wahrheit, Mutter?

HANS
Du musst das kleinere Übel wählen! Du sagst, dass es der Erik war, der geht ohnehin in den Bau, und die Sache ist vorbei. Sei froh, dass Kessler dir noch eine Chance gibt.

KURT
Mama?

HANS
HÖR JETZT AUF, DEINE MUTTER ZU FRAGEN! ICH BEFEHLE DIR, ZU GEHORCHEN!

Hans beruhigt sich wieder etwas.

HANS
Du hast dein ganzes Leben noch vor dir. Du wirst dir doch nicht für sowas deine Zukunft versauen. Eine Notlüge ist das, nichts weiter.

KURT
Eine Lüge, mit der ich ein Leben lang herumlaufen muss.

HANS
In zehn Jahren … ach was, in zwei Jahren, wirst du schon über diese Sache lachen.

KURT
Wie sollte ich jemals über so was lachen?

Kurt holt das Foto von Eriks Vater Franz aus der Hosentasche.

KURT
Hast du gelacht, als ihr Eriks Vater aufgehängt habt?

Hans und Anna betrachten das Bild.

HANS
Er war ein Kollaborateur. Was tut das zur Sache?

KURT
Hast du ihn an die Russen verraten?

HANS
Geh jetzt schlafen. Morgen ist ein wichtiger Tag für dich.

Damit geht Hans aus dem Zimmer.

KURT
Warum sagst du nichts dazu, Mama?

Kurt schaut in die leeren Augen seiner Mutter, in der sich die Tränen sammeln.

ANNA
(sehr, sehr leise)
Geh weg.

KURT
Wie?

ANNA
Geh weg von hier und komm nicht wieder.

Sie wirft ihre Arme um Kurt und drückt ihren Sohn an sich.

ANNA
Ich werde für immer an dich denken. Jeden Tag und jede Minute, aber jetzt musst du fort gehen. Noch heute Nacht. Ich habe dich sehr lieb, Kurt.

Sie steht auf, küsst ihn auf den Kopf, und geht.

Kurt sitzt auf dem Stuhl im Esszimmer seiner Eltern. Die Uhr schlägt halb eins.

96 INT. – THEOS ZIMMER – NACHT

Theo wird wach, als Kurt an seine Zimmerscheibe klopft. Schnell springt er aus dem Bett und öffnet das Fenster.

THEO
Die Kleinen schlafen.

KURT
Kannst du rauskommen?

Theo nickt.

97 EXT. – HAUSEINGANG – KURZ DARAUF

Kurt und Theo, der nur einen Pullover über seinen Schlafanzug gezogen hat, treffen sich vor Theos Wohnhaus.

KURT
(leise)
Ich gehe in den Westen und mache da mein Abitur.

Theo schaut ihn groß an.

Dann holt er sich eine Zigarette hinterm Ohr hervor und steckt sie an.

KURT
Sie wollen jetzt, dass ich es Erik anhänge. Und ihr werdet gar nicht gefragt. Aber das mache ich nicht.

THEO
Wenn du gehst, ist das wie ein Schuldeingeständnis.

KURT
Dann können alle anderen ihre Schule wenigstens zu Ende bringen. Und wir beide wissen, dass ich die Idee hatte. Es ist das Beste so. Ich bin nur gekommen, weil ich dachte … Naja, ich dachte … Vielleicht kommst du mit mir in den Westen und wir machen da zusammen das Abitur?

Theo wirkt überrascht.

THEO
Ich … Nee, das geht doch nicht.

KURT
Weil ich unsere Freundschaft verraten habe?

THEO
Mensch, Kurti, hör doch mal auf immer mit dem ganz großen Krams. Ich kann meine Familie nicht verlassen.

Kann ich meinen Eltern nicht antun, und ich würde auch meine Geschwister so doll vermissen.

Die Freunde schauen sich an.

Theo nimmt Kurt in den Arm.

THEO
Mach's gut, Kurti.

KURT
Sieh zu, dass die Sache gut zu Ende geht, ja? Versprich mir das. Die anderen sollen ihr Abitur machen. Kümmerst du dich drum?

Theo nickt.

Kurt setzt sich auf sein Fahrrad.

THEO
Mit dem Rad?

KURT
Bis Königs-Wusterhausen. Morgen nehme ich die erste Bahn.

Theo nickt.

KURT
Eins noch. Ich kann Lena nicht Lebwohl sagen. Sag ihr … sag ihr doch …

THEO
Was?

KURT
Ach, nichts. Mach's gut.

Dann radelt Kurt los und verschwindet in der Dunkelheit.

98 INT. – KURTS WOHNUNG – NACHT

Kurts Vater steigt verschlafen aus dem Ehebett, in dem seine Frau nur so tut, als könne sie schlafen.

Er schlüpft in die Pantoffeln und schleicht zum Badezimmer, doch als er die Tür öffnet, fällt Kurts Zimmertür ins Schloss.

Hans wird aufmerksam und öffnet die Tür zu Kurts Zimmer, wo das Fenster offen steht. Mit einem schnellen Schritt ist Hans an Kurts leerem Bett. Er reißt die Decke herunter.

HANS
ANNA!

Hans stürzt zum Fenster.

HANS
ER IST … ANNA, MEIN SOHN IST FORT! KURT IST WEG, ANNA!

Er wirbelt herum und sieht seine Frau in der Zimmertür stehen, ihr Blick ist fest und selbstbewusster als je zuvor.

ANNA
Ich weiß.

HANS
Was hast du getan? Was hast du nur getan?

99 EXT. – S-BAHNSTATION EICHWALDE – TAG

Eine S-Bahn steht an einer menschenleeren Plattform. Niemand steigt aus, niemand steigt ein …

100 INT. – S-BAHN – TAG

Wieder kontrollieren Grenzpolizisten die Papiere der Passagiere.

Kurt hat seine Schultasche neben sich liegen und spielt nervös mit seinem Ausweis in der Hand herum.

GRENZBEAMTER #3
Papiere.

Kurt reicht ihm den Ausweis.

GRENZBEAMTER #3
Wohin geht's?

KURT
Südstern. Ich besuche das Grab meines Großvaters.

GRENZBEAMTER #3
Mhm. Deine Tasche?

Kurt nickt.

GRENZBEAMTER #3
Kann ich mal sehen?

Kurt reicht sie ihm. Der Grenzbeamte schaut hinein.

GRENZBEAMTER #3
Schulsachen?

KURT
Ich schreibe bald Abitur.

GRENZBEAMTER #3
Am Grab deines Großvaters?

KURT
Nein, ich wollte auf der Fahrt etwas lernen …

GRENZBEAMTER #3
Komm mal mit.

101 INT. – POLIZEIDIENSTSTELLE / BESPRECHUNGSRAUM – TAG

Kurt sitzt mit einem POLIZEIBEAMTEN am Tisch, als Hans von anderen POLIZISTEN hineingeführt wird.

Eine Weile lang sagt weder der Vater noch der Sohn etwas.

Der Beamte liest stumm in einem Protokoll.

Dann …

BEAMTER
Ihr Sohn hat angegeben, dass er mit der S-Bahn in den Westen fahren wollte, um das Grab seines Großvaters auf dem Soldatenfriedhof zu besuchen.

Vater und Sohn schauen sich jetzt direkt in die Augen.

HANS
Das macht er gelegentlich, ja.

BEAMTER
Welchen Dienstgrad hatte Opa denn?

HANS
Mein Schwiegervater war Panzergrenadier bei der Waffen-SS.

BEAMTER
Sie wussten also, dass Ihr Sohn heute in die amerikanische Besatzungszone fahren will, um das Grab eines Nationalsozialisten zu besuchen?

HANS
Das Grab seines Großvaters, ja. Er wird heute noch wiederkommen. Ich quittiere Ihnen das, wenn Sie möchten.

Der Beamte schaut Kurt an und akzeptiert das Wort des Vaters.

BEAMTER
Gut, dann kannst du gehen.

Hans steht auf und reicht Kurt die Hand.

HANS
Bis heute Abend, Kurt. Mama wird dich zum Essen erwarten.

KURT
Ja, Vater. Bis dann.

Er nimmt die Hand des Vaters und drückt sie lang. Dann geht er.

In Hans' Augen sammeln sich Tränen.

BEAMTER (O.S.)
Bitte unterschreiben Sie dann noch hier unten, Genosse.

102 EXT. – SCHULE – TAG

Hermann hält das Motorrad vor der Schule, Karl und Jakob steigen aus und laufen aufgeregt zu ihren Freunden, dann verabschiedet sich Theo von seinem Vater.

HERMANN
Der große Tag, mhm?

Theo nickt und schaut zum Schulgebäude.

HERMANN
Wenn ich heute Abend nach Hause komme, will ich hören, dass du hier im Frühjahr Abitur schreibst. Egal wie, verstanden?

THEO
Ja, Vater.

HERMANN
Bloß nicht den Helden spielen heute.

THEO
Nein. Ist klar.

HERMANN
Bin stolz auf dich.

THEO
Ja, das sagst du immer wieder.

Er schaut seinen Vater etwas mitleidig an.

HERMANN
Ist ja auch so.

THEO
Ja?

Hermann steigt auf sein Motorrad und knattert davon. Theo schaut ihm nach. Dann geht er in das Schulgebäude.

103 INT. – KLASSENZIMMER – TAG

RINGEL
STEHEN!

Die Schüler stehen neben ihren Bänken, als Kessler, Schwarz und Ringel eintreten.

SCHWARZ
Freundschaft.

Nur wenige Schüler antworten.

KESSLER
Der Volksbildungsminister hatte uns gebeten, bis heute zu klären, wer die Rädelsführer der Schweigeminute waren. Für mich stellt sich die Sache nun so dar, dass Kurt Wächter seine Schuld eingestanden hat.

SCHWARZ
Kurt ist offenbar in den Westen geflohen, wie uns seine Eltern eben mitgeteilt haben.

Lenas überraschter Blick geht zu Theo. Er nickt kaum sichtbar.

KESSLER
Der Minister will, dass Ruhe in dieser Klasse einkehrt, damit die Vorbereitungen auf das Abitur wieder aufgenommen werden können. Es ist allerdings unerlässlich, dass jeder Einzelne von euch jetzt hier bestätigt, das Kurt der Rädelsführer dieser Schweigeminute war.

Sie schaut sich unter den Abiturienten um.

KESSLER
Theo. Kannst du bestätigen, dass Kurt euch zur Schweigeminute verleitet hat?

Alle Blicke lasten jetzt auf Theo.

THEO
Äh, nein. So war es nicht.

KESSLER
So war es nicht. Wie war es dann?

THEO
Wir waren alle dafür. Oder zumindest die Mehrheit.

KESSLER
Warst du dafür oder dagegen?

THEO
Ich war dafür.

KESSLER
Gut. Dann verweise ich dich hiermit der Schule. Du wirst in der Deutschen Demokratischen Republik kein Abitur mehr ablegen können. Jeder akademische Bildungsweg ist dir damit versperrt. Du hast das Schulgebäude unverzüglich zu verlassen.

Stille.

KESSLER
Jetzt.

Theo steht auf.

PAUL
Das ist nicht richtig! Es gab eine Mehrheits…

KESSLER
Du bist auch entlassen! Entlassen!

Jetzt ist die Klasse paralysiert. Theo und Paul packen kopfschüttelnd ihre Sachen und gehen.

Lena steht auf.

LENA
Es war meine Idee.

Kessler dreht sich zu ihr um.

KESSLER
Setzen!

Klara steht auf.

KLARA
Und meine …

KESSLER
Setzt euch hin.

Regina folgt.

REGINA
Und es war meine Idee.

Jetzt stehen alle anderen Schüler auf und bekennen sich zur Schweigeminute. Mit jedem Schüler brüllt Kessler sie verzweifelter an.

KESSLER
Ihr sollt euch setzen. Alle. Hinsetzen, habe ich gesagt. Hinsetzen! Setzt euch wieder!!!

Aber es hilft nichts. Theo und Paul stehen in der Tür und tauschen Blicke mit ihren Klassenkameraden. Lena und Theo lächeln sich stolz an.

KESSLER
Ich verweise die ganze Klasse der Schule. Ihr seid nicht länger geduldet.

Direktor Schwarz will ein letztes Mal intervenieren.

SCHWARZ
Aber Frau Genossin …

KESSLER
Auch Sie werden sich dafür verantworten müssen, Schwarz.

Kessler geht ab, Ringel folgt ihr schnell.

Die Abiturienten und ihr Direktor bleiben stumm zurück.

Schwarz setzt sich auf einen Stuhl.

SCHWARZ
Und was hat das jetzt alles den Ungarn gebracht? Nix hat es denen gebracht.

104 EXT. – SCHULE STALINSTADT – TAG

Die Schüler kommen auf den windigen, einsamen Vorplatz der Schule.

Alle bleiben zusammen, keiner weiß, wohin.

Klara fängt an zu weinen und wird von ihrer Schwester Regina getröstet. Rüdiger kickt wütend einen Stein weg, aber größtenteils wirken die Schüler wie gelähmt.

PAUL
Und was jetzt?

Die Frage ging an Theo.

THEO
Das muss jetzt jeder selber wissen.

Alle Schüler schauen Theo an.

THEO
Zwischen Weihnachten und Neujahr besuchen viele ihre Verwandtschaft im Westen, da sind die Kontrollen ungenauer.

Lenas Blick.

THEO
Wenn ihr geht, dann mindestens zu zweit, damit einer die Eltern benachrichtigen kann, wenn ihr erwischt werdet.

In den Blicken der Schüler spiegeln sich Ängste und Hoffnungen wider …

Die Schüler fangen an, leise und aufgeregt durcheinanderzureden.

Theo sieht Kessler hinter dem Fenster des Rektorats.

THEO
Wir sollten jetzt gehen.

Die Schüler folgen seinem Blick und sehen Kessler im Fenster.

105 INT. – REKTORAT – TAG

Kessler beobachtet, wie die Klasse auseinandergeht.

Nur Theo und Lena bleiben noch einen Augenblick stehen und halten ihrem Blick stand.

SCHWARZ
(hält ihr den Telefonhörer hin)
Frau Kessler, der Minister will Sie sprechen.

Kessler tritt vom Fenster weg und nimmt ihm den Hörer ab.

KESSLER
Die Klasse ist geschlossen. Es ging nicht anders.

Sie senkt den Blick.

106 EXT. – SCHULE – TAG

Lena und Theo stehen alleine vor der Schule.

LENA
Und? Laufen wir weg oder bleiben wir hier?

THEO
Wie gesagt, das muss jetzt jeder für sich entscheiden.
Mach's gut, Lena.

Er nimmt sie in den Arm. Lena erwidert die freundschaftliche Umarmung.

LENA
Du auch, Theo.

Dann gehen sie auseinander.

107 INT. – KIRCHE – NACHT

Es ist Weihnachten. Die Gemeinde singt »Stille Nacht«.

Klara und Regina singen mit ihren Eltern.

Auch Lena und ihre Großmutter sind heute in die Kirche gekommen.

Pfarrer Melzer singt mit großer Inbrunst und blickt zu seiner Frau, die in der ersten Reihe steht und nicht singen kann, weil ihr die Tränen übers Gesicht laufen.

108 INT. – THEOS WOHNUNG – NACHT

Jakob ist auf Theos Schoß eingeschlafen. Er sitzt mit seinen Eltern und Karl vor dem Weihnachtsbaum, an dem die Kerzen langsam erlöschen.

Irmgard steht auf und nimmt Jakob von Theos Bauch.

IRMGARD
(leise zu Karl)
Komm, ich bringe euch ins Bett.

Die Kinder stehen müde auf, küssen ihren Vater und Theo und torkeln aus dem Zimmer, während Irmgard den schlafenden Jakob trägt.

Hermann und Theo bleiben alleine zurück.

HERMANN
Januar fängst du im Stahlwerk an.

Theo schaut seinen Vater an.

THEO
Warum hast du mir nie vom Aufstand erzählt? Warst du doch dabei '53, oder?

Hermann ignoriert die Frage.

THEO
Ich werde nicht bleiben, Papa.

Sein Vater schaut auf.

Irmgard kommt zurück.

THEO
Ich gehe in den Westen und mache dort mein Abitur.

HERMANN
Mensch, wenn sie dich erwischen, gehst du in den Bau.

Die Mutter setzt sich zu Theo.

IRMGARD
Und du könntest nie mehr zu uns zurückkommen.

THEO
Ihr könntet mit mir kommen. Wir können doch alle gehen.

HERMANN
Weglaufen und stolz drauf sein? So ein Blödsinn!

Während er abgeht murmelt er noch ein übel gelauntes »Gute Nacht«.

Irmgard nimmt Theos Hand.

IRMGARD
Du kennst deinen Vater schlecht, wenn du denkst, dass er fortlaufen würde, Theo. Nie. Niemals rennt er weg.

THEO
Aber warum denn nicht? Was ist denn hier? Was denn? Nichts. Hier ist doch nix.

IRMGARD
Hier kommt er her. Hier ist er geboren. Und hier geht er niemals weg.

Theo nickt.

THEO
Er redet kaum noch mit mir …

IRMGARD
Er ist nur traurig, Theo, weil er dich verliert. Du bist doch unser Ältester. Und ich weiß noch, als wäre es gestern gewesen, wie du zur Welt gekommen bist.

109 INT. – THEOS WOHNUNG – KURZ DARAUF

Hermann steht im Flur und hört seine Frau.

IRMGARD (O.S.)
Du warst so ein kleines Vögelchen, du warst genau so lang wie sein Unterarm, und darauf hat er dich immer durch die Gegend getragen, immer so, dein kleines Köpfchen in der Handfläche, und jedem hat er erzählt, ob die Leute es hören wollten oder nicht: Der ist ein Schlauer. Das hat er immer gesagt.

Hermanns Blick hängt an einem Familienfoto – und vor allem an seinem ältesten Sohn Theo.

110 EXT. – THEOS WOHNUNG / HOF – TAG

Theo und seine Geschwister spielen im Hof Fußball, als Hermann und Irmgard mit einigen Geschenken bepackt aus dem Haus kommen.

IRMGARD
Kinder, los jetzt. Oma ist bestimmt schon ungeduldig.

Die kleineren Geschwister laufen zu ihren Eltern. Ein Pfiff ist zu hören. Theo dreht sich um und entdeckt Paul, der in der Tordurchfahrt steht und ihm verschwörerisch zunickt.

HERMANN
Theo, komm!

Die Familie wartet auf Theo und bemerkt, dass etwas nicht stimmt.

Jetzt entdecken die Eltern Paul.

Theo wirft ihnen einen langen Blick zu, Hermann und Irmgard wissen, was das zu bedeuten hat.

THEO
Ich gehe mit Paul.

JAKOB
Tschüss, Theo. Bis später.

KARL
Kriegen wir halt alle Plätzchen.

JAKOB
Und die Gans! Selber schuld.

Hermann, Irmgard und Theo schauen sich an.

Dann dreht Theo sich schnell um und geht zu Paul, ohne ein weiteres Mal über die Schulter zu schauen. Tränen steigen ihm in die Augen, während die Freunde schnell die Straße heruntergehen.

111 EXT. – BAHNHOF – TAG

Theo und Paul betreten die Plattform, an der bereits die S-Bahn wartet.

Theo kramt ein paar Münzen aus der Hosentasche.

THEO
Ich habe gar nicht genug für eine Fahrkarte.

Paul holt sein Geld aus der Tasche.

PAUL
Für'n Billet reicht es, aber dann habe ich auch nichts mehr.

Sie steigen ein.

112 INT. – S-BAHN – TAG

Es sind einige FAMILIEN unterwegs, aber nun entdeckt Theo auch bekannte Gesichter:

Klara, Regina, Rüdiger …

Die letzten Pendler steigen ein. Als die Türen sich schließen, springt auch Lena in die Bahn.

Theo und Lena schauen sich auf die Entfernung an.

Der Zug fährt an.

Theo setzt sich an einen Fensterplatz und schaut in die weite Landschaft Brandenburgs.

Die tief stehende Sonne trifft Theos Gesicht. Er lockert seinen Krawattenknoten und schließt die Augen.

ABBLENDE

Superimposed:

Zwischen Weihnachten und Neujahr 1956 sind fast alle Schüler der Klasse in den Westen gegangen, wo sie im folgenden Jahr das Abitur ablegten.

Drei Schüler blieben in ihrer Heimat. Die Partei bot ihnen an, das Abitur doch noch an einer anderen Schule abzulegen.

ENDE

Die Geschichte über Mut und Zusammenhalt ist wirklich passiert. Das Foto zeigt die echte Abiturklasse vierzig Jahre später bei einer Wiedervereinigung: 1996 sitzen die Schülerinnen und Schüler von damals auf ihren alten Plätzen im Klassenzimmer, dem Ort der Schweigeminute von 1956.

Interview mit Drehbuchautor und Regisseur Lars Kraume

Nach Ihrem Film Der Staat gegen Fritz Bauer *(2016) greifen Sie wieder einen Stoff auf, der in der deutschen Nachkriegszeit angesiedelt ist. Was macht für Sie die 1950er Jahre so interessant?*

Ich habe mich schon immer für Geschichte interessiert. Bei der Beschäftigung mit Fritz Bauer merkte ich, wie spannend aus heutiger Sicht die 50er Jahre sind, die nicht zuletzt die Jugendzeit meiner Eltern waren. Der Transformationsprozess von der Zeit des Faschismus hin zu neuer staatlicher Ordnung verlief voller Widersprüche. Manches erscheint mir geradezu obskur. Zudem war das lange eine Periode, die eher verschwiegen wurde – sowohl im Osten als auch im Westen.

Beide Filme, bei denen ich die Drehbücher parallel nach wahren Begebenheiten entwickelt habe, erzählen genau davon. Die Suche nach einem neuen Deutschland sowohl in der Bundesrepublik als auch in der DDR.

Sie versuchen die Strukturen in beiden deutschen Staaten als jeweils eigenständige Entwicklung zu erfassen, die ihren Ausgangspunkt gleichermaßen im gescheiterten Faschismus und im verlorenen Krieg hat.

Na klar. Ich wollte nicht Ost gegen West stellen, sondern der Suche nach jeweils eigenständigen Modellen nachgehen. Dabei versuchte ich zu verstehen, wie sich der Umgang mit neuen Gesellschaftsstrukturen im entsprechenden Umfeld gestaltet hat. Als Fritz Bauer aus der Emigration nach Deutschland zurückkehrte, hatte er auch das Angebot, als hervorragender Jurist und Sozialist an die Universität nach Leipzig zu gehen. Er hat aber Frankfurt am Main gewählt, weil ihn die Staatsform in der DDR nicht überzeugt hat. In der Bundesrepublik war er dann als Linker ein totaler Außenseiter.

Die Schüler aus dem „Klassenzimmer“ sind in ihrer ostdeutschen Heimat verhaftet. Im Verlauf der Filmgeschichte werden sie sich immer mehr bewusst darüber, in welcher Gesellschaft sie leben. Allmählich erfahren sie, wo ihre Eltern herkommen, wie sie gelebt haben und was bis dahin verschwiegen wurde. Am Anfang scheint sich ihr Leben durchaus sehr komfortabel zu entwickeln. Um das zu unterstreichen, haben wir unter anderem die Handlung von Storkow nach Stalinstadt verlegt. Dort war in den 1950er Jahren eine moderne Arbeiterstadt gebaut worden, wovon man in Bottrop oder Bochum nur träumen konnte. Der Ort hat in unserem Film eine große Symbolkraft. Noch heute kann man im dortigen Flächendenkmal nachvollziehen, wie die sozialistische Utopie gedacht war. Gerade hier wird deutlich, dass vor dem Mauerbau der Sozialismus als überlegenes Gesellschaftsmodell für viele Leute möglich schien. In diesem Umfeld waren sich unsere Protagonist*innen zunächst sicher, dass sie ihr Abitur erfolgreich ablegen und dann durch ein Studium alle Aufstiegschancen hätten. Bis zu dem Moment, wo sie aus einer gewissen Naivität heraus nach Autonomie verlangen und eine eigene politische Meinung artikulieren.

Auch wenn Sie sehr anschaulich ein bestimmtes historisches Ambiente aufzeigen, gehen Ihre zentralen Fragestellungen jedoch weit über den konkreten geschichtlichen Moment hinaus.

Man kann keinen Geschichtsfilm machen, nur um über die Ereignisse der Geschichte zu erzählen. Selbst wenn man einen Film über die Schlacht bei Waterloo machen wollte, müsste man etwas finden, was auch heute noch eine Gültigkeit hat. Beim *Klassenzimmer* sind das für mich die Idee des politischen Erwachens und die des Solidaritätsgedankens.

Die Solidarität ist bei den Schülern zunächst nicht vorhanden. Dann versucht man, sie als Gruppe auseinanderzudividieren. Je mehr sie merken, dass sie sich gegenseitig verraten sollen, wächst ihre Solidarität und sie werden gleichzeitig zu politisch denkenden Menschen.

Das scheint mir für heutige junge Zuschauer interessant. Die haben auch ihre Themen, die sie sich nicht auszusprechen trauen. Es ist keine leichte Entscheidung, ob man sich etwa gegen dominierende Zeitströmungen stellen will. Auch in unserer Gesellschaft wird ein gewisser Konformismus verlangt. Wer sich davon löst, kann schnell isoliert sein oder gar gemobbt werden. Dieser Moment: eine eigene Meinung zu formulieren und auch dazu zu stehen, das ist das Zeitlose der Geschichte.

Ihr Film geht auf eine wahre Begebenheit zurück, die Dietrich Garstka, einer der Beteiligten, in Form von Erinnerungen, Reflexionen und Dokumenten als Buch veröffentlicht hat. Wie war Ihr Ansatz, um aus dem Material ein Drehbuch zu entwickeln?

Das Buch kam bereits vor zehn Jahren zu mir. Ich fand es interessant, doch ich hatte zunächst keine Idee, wie daraus ein Drehbuch werden könnte. Angeregt durch die Produzentin Miriam Düssel habe ich schließlich versucht, im Rahmen der konkreten Situation 1956 die Zeitlosigkeit der Geschichte zu erfassen. Es ging also um die archaischen Aspekte des Stoffes. Was heißt es, wenn man sich als junger Mensch das erste Mal irgendwie politisch verhält? Die entsprechenden Fragen und Konflikte habe ich in den Figuren Theo und Kurt verankert. Der eine denkt, es geht alles so mit durchmogeln, und der andere ist eher ein ernster und prinzipieller Charakter. Natürlich sollte der Film die Geschichte einer ganzen Klasse erzählen. Doch es ist nicht möglich, zwanzig Figuren gleichzeitig zu führen. Also muss man sich als Drehbuchautor auf einzelne Figuren konzentrieren, die den Gesamtzusammenhang symbolisieren. Um ein heutiges Publikum besser erreichen zu können, war es auch wichtig, einen stärkeren Fokus auf die Mädchen zu legen, als dies in der realen Geschichte der Fall war. So wurde Lena zu einem Identifikationsangebot, was auch gleichzeitig die Möglichkeit bot, eine kleine Liebesgeschichte zu erzählen. Das Mädchen steht zunächst Theo näher. Doch dann gewinnt Kurt wegen seiner klareren Haltung eine größere Attraktivität.

Sie haben mit Erik und dessen sehr komplizierten biografischem Hintergrund eine Figur in das Klassenensemble aufgenommen, die es real so nicht gegeben hat. Welche Motive hatten Sie dafür?

Erik gab mir die Möglichkeit, einen wichtigen Teil meines Themas zu erzählen. Hier konnte ich einen zentralen Widerspruch bei der Suche nach einer neuen Gesellschaft nach 1945 festmachen. Ich glaube, man kann nicht einfach erzählen, die DDR war eine Tyrannei und fertig. Erik steht symbolisch für eine junge Generation, die an die Utopie des Sozialismus geglaubt hat und zunehmend durch die reale Entwicklung im Kontext des Stalinismus ernüchtert wurde. Darüber hinaus ging es mir im Gegensatz zu Dietrich Garstka darum, bestimmte Familienkonstellationen zu erzählen. Hier ist Erik eine wichtige Facette.

Auch der altersweise Nonkonformist Edgar ist eine Figur, die es in der realen Geschichte nicht gegeben hat. In Ihrem Film spielt sie aber eine zentrale Rolle.

Edgar hat eine wichtige filmische Funktion. Durch ihn bekommt die verschworene Gruppe eine Art Hauptquartier, wo die Probleme gebündelt diskutiert werden konnten. Damit war es auch möglich, das zunehmend konspirative Handeln der Schüler deutlich zu machen. Natürlich haben die Leute damals überall den verbotenen Radiosender RIAS gehört. Mit Edgars Außenseiterrefugium konnten wir das aber in filmisch überhöhter Weise zusammenfassen. Außerdem macht Edgar den Schülern klar, welche Grenzen sie eigentlich überschritten haben. Das ist aus heutiger Sicht wichtig, damit man überhaupt die Regeln der damaligen Zeit versteht.

*Im Buch erzählt Dietrich Garstka auch davon, was die Schüler*innen erlebt haben, nachdem sie ihre Heimat verlassen hatten. Warum haben Sie das im Film nicht aufgegriffen?*

Der Film endet dort, wo sich Theo, die Hauptfigur, entschlossen hat, seinen Weg zu gehen. Er traut seiner eigenen Meinung und ist bereit und in der Lage, dieser auch zu folgen. Damit endet die Filmgeschichte dort, wo sie aus filmischer Sicht, nicht aus historisch-politischer Perspektive, tatsächlich am Ende ist.